集美行远

小学融合美育
策略体系构建与实施探源

余小刚 著

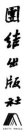
团结出版社
UNITY PRESS

图书在版编目（CIP）数据

集美行远 / 余小刚著. -- 北京 ：团结出版社，
2021.5（2024.2重印）

　ISBN 978-7-5126-8884-1

　　Ⅰ．①集… Ⅱ．①余… Ⅲ．①教育－文集 Ⅳ.
①G4-53

中国版本图书馆CIP数据核字(2021)第090892号

出　　版	团结出版社	
	（北京市东城区东皇城根南街84号　邮编：100006）	
电　　话	（010）65228880　65244790	
网　　址	http://www.tjpress.com	
E-mail	65244790@163.com	
经　　销	全国新华书店	
印　　装	三河市嵩川印刷有限公司	
开　　本	170mm×240mm　　1/16	
印　　张	8.75	
字　　数	143千字	
版　　次	2021年5月第1版	
印　　次	2024年2月第2次印刷	
书　　号	978-7-5126-8884-1	
定　　价	49.80元	

内容简介

　　本书是《四川教育》首席记者对电子科大实验附小坚持学校美育探索的实录性长篇通讯作品。

　　作者在大量持有电子科大实验附小美育实践素材的基础上，对学校以独特美育文化营造美育环境氛围，以培养美育素养和育美经验的教师建设教师队伍，以国家课程美育校本化和校本课程美育特色化探索学校美育课程建设，以探析美育课堂要素引领学科美育，以协同机制建设家校、社校、校企、校际美育协同创新机制，进行了较为翔实的呈现。

　　作者力图将学校美育探索置于教育的历史大背景和时代大背景中，探源电子科大实验附小的美育实践缘由和实践途径，解读实验学校美育实践成效，呈现加强和改进学校美育的实践案例。

总　序

强化美育，培根铸魂

曾繁仁

电子科技大学实验中学附属小学（以下简称科大实验附小）近七年来，坚持党的教育方针，强化美育，落实美育，立德树人，培根铸魂，取得了显著成绩，其探索实践行为与美育实践经验值得推广发扬。

科大实验附小有一个明确的强化美育的教育理念，他们鲜明地提出"纯美教育"的办学思想和"为纯美的童年而教育"的教育理想，这就为贯彻落实习近平总书记关于加强学校美育的重要指示精神找到了着力点。习总书记要求全面加强和改进学校美育，坚持以美育人、以文化人，提高学生的审美和人文素养，并明确要求学校教育要立德树人，培根铸魂，培养优秀的党和国家接班人。习总书记的指示以美育为出发点，以德、智、体、美、劳全面发展为指归，以培养优秀的党和国家接班人为归属，揭示了我国教育的根本宗旨。科大实验附小从"纯美教育"的办学思想出发，落实习总书记的指示精神，为基础教育中的小学探索从美育切入融合其他各育育人，实现五育并举树立了榜样。

科大实验附小还有一系列强化美育的措施，将美育落实到学校的教育目标、课程体系、学科课堂与学校环境建设等诸多方面。非常可贵的是，他们找到了以美为融合点、以美育为融合策略的学校美育融合育人路径，并自觉地对美育融合实践进行了理论总结，其中包括学校美育融合原理、学校美育融合方法等，形成了较完整的"小学融合美育策略体系构建与实施"的成果，作为一所小学实在是难能可贵，值得钦佩！

科大实验附小"纯美教育"探索的带头人寇忠泉、杨琳玲、古德英、郑环、刘晓军、黄明霞、何小波、袁春玲等老师，身处学校美育实践的第一线，共同的学校美育理想、共同的探索小学美育方法的愿望，把他们凝聚成一个思想活跃的团队，让他们成为小学美育实践优秀的理论探索者与方法的总结者，基于此，才有了《纯美滤思：小学融合美育策略体系构建与实施原理》《大美力行：小学融合美育策略体系构建与实施》《集美行远：小学融合美育策略体系构建与实施探源》专著的出版。尽管这些探索还不够完美，在追求高质量学校美育的路上还有很长的路要走，但精神可嘉，成绩突出，可喜可贺。

美育尽管是德国诗人席勒于1795年首次在《美育书简》中提出的，以情感教育之内涵将之与德育、智育相区别，但我国早在周代即由周公提出"礼乐教化"之治国理念。此后几千年来，"礼乐教化"成为我国各朝各代治国安邦之基本理念与策略，有着极为丰富的成果与经验，而近代以来，特别是中国共产党成立一百年来，我们党在美育方面积累了丰富的成果经验，如毛泽东同志的《在延安文艺座谈会上的讲话》与习近平同志党的十八大以来有关文艺与美育的一系列重要讲话与指示，这些内容丰富的美育成果成为我们进行学校美育工作的指南。我们既要很好地继承发扬中国古代优秀美育传统，弘扬中华美育精神，更要学习贯彻好中国共产党成立一百年来的，特别是习近平同志提出的美育理论思想。我相信，科大实验附小一定会在这方面做得更好，取得更多经验，从而将"纯美教育"与党的美育理论建设更好地融合。我衷心地期望并相信科大实验附小在"纯美教育"的路上会走得更加扎实，取得更加突出的成绩。

2021 年 3 月 12 日

（曾繁仁，著名美学家，当代中国生态美学的奠基人，山东大学终身教授，曾先后担任山东大学党委书记、校长。现任教育部人文社会科学重点研究基地"山东大学文艺美学研究中心"主任、国家重点学科山东大学文艺学学科学术带头人、教育部艺教委常委高校组组长、中华美学学会副会长、中国中外文论学会副会长。）

目　录

楔子　美育从来不歇步，以美育人总兼程

一、美育的历史溯源及新时代加强和改进学校美育的重要性

人类的历史常常让我们心怀畅想，一如身处日夜兼程的河流之一点，我们总会油然而生寻根追溯之心。

我们已然不能全境界观赏中国先民的最初教育样态，却可以从历史的黄卷残页中，感知当初教育的温度。

当社会作为一种人类群居生活的组织存在时，人们有对社会组成人员进行塑造的内在诉求，而达成路径，就是最初的"教"。"教"也者，"上所施，下所效"也，与政治相融合，是为政教。政教之教，就是社会教化。因此古代所指的教育，不仅施之于未成年人，还有其他社会成员，包括已经成为社会建设者的成年人甚至是管理干部。

当"教"的受众定位于未成年的社会成员，"教"的组织形式自然与"育"形成了关键性耦合。"育"也者，"养子使作善也"。

那么，以什么来进行教育？

"开辟鸿蒙，谁为情种？"

《红楼梦》第五回《红楼梦曲·引子》中的这句话，正是人类教育不可回避的事实，人类文明通过教育薪火相传。同时，人类教育正是始于情感的理性疏导，使之让社会组织成为生命不断繁衍的秩序护航。

当中国真正的职业教师孔子出现，并以"诗可以兴，可以观，可以群，可以怨；迩之事父，远之事君；多识于鸟兽草木之名"的论断作为教育的信条，不得不让人追问：侍奉君主需要学"诗"，侍奉父亲，也要学"诗"，这是为

什么呢？

梳理中国古代诗学，诗的本质是"诗言志"和"诗缘情"两个基础本质性定位，其文本生命表征则是"因物兴感"。正是因为诗文本的这个生命表征，诗的育人价值呈现出今天我们所说的美育特征：起于审美对象的信息刺激，触动审美主体的审美感受，促进审美主体产生审美体验、形成审美享受，进而生成审美情感……在审美情感支配下的人的言行、心智内化于人，于是达"温柔敦厚而不愚"的成人个性的塑造理想。

如此推演，我们说，孔子诗教是育美，育美的品德，进而让美好的品德外化于行。

儿童受教于学校，学校是学生生命成长的重要场域。如果我们能够施以像诗一样美好的育人文本，让儿童在一种文本触动感性的基础上，再配以美的教育形式，那么一切美好的道德品格和丰富的精神世界必将能够得到最完美的塑造。

这，既是孔子诗教的理想，也是我们今天以立德树人作为学校教育根本任务的育人理想。

不难看出，以儒家思想作为中国古代教育文宗血脉的中国古代教育，比之西方，更重视人文性。而美育，则更多地承载了这样的内涵。

这样说，有以下两个依据：

一是民间技术教育。以各行各业的民间艺术家为"师"，大都以"师带徒"为形式，从"术"到"技"，再到"艺"，进行的是生活技能型艺术教育，他们培养的是实实在在的"生活的艺术家"，这正是美育的功能体现。

二是以文本为教育资源的真正意义的学校教育形式。一般分为官学和私学两种，无论哪一种教学的课程几乎都是以琴棋书画、诗词歌赋作为育人介质。这些课程内容直接呈现出美育的基本特质，其中出现过许多灿若星辰的教育家，如孟子、董仲舒、韩愈、朱熹、王阳明。他们用教育的形式传播自己的学说，而凭借手段也大多是美育，如朱熹编撰《训蒙诗一百首》来助儿童习理。

美育真正作为教育的专门术语，则始于现代教育体制的萌芽时代。

1903年，王国维在好友罗振玉办的《教育世界》发表了《论教育之宗旨》，提出了其教育的核心要素论，即"体育"与"心育"。

在这篇承载王国维教育理想的文章里，王国维把教育的根本宗旨确定为培养"完全人物"。他借鉴近代心理学的研究成果，把"完全人物"定义为精神和身体调和发展的产物。因此教育之"育"，即有"体育"与"心育"两种。其中的"心育"，包括我们今天倡导的智育、德育和美育三部分。

王国维认为："最高之理想存于美丽之心，其为性质也，高尚纯洁，不知有内界之争斗，而唯乐于守道德之法则，此性质唯可由美育得之。"

1912年，蔡元培发表《对于教育方针之意见》一文，提出了"五育并行"、以"养成共和国民健全之人格"的教育方针，并以此作为他担任民国教育总长（教育部长）的施政方略。

蔡元培亲自在北大开设"美学"课，并一直注重推动公共美育实施和专业美术院校的发展，提出了著名的"以美育代替宗教"的主张。

1930年，蔡元培为《教育大辞书》中"美育"词条所做的定义是："美育者，应用美学之理论于教育，以陶养感情为目的者也。人生不外乎意志；人与人相互关系，莫大乎行为；故教育之目的，在使人人有适当之行为，即以德育为中心是也。顾欲求行为之适当，必有两方面之准备：一方面，计较利害，考察因果，以冷静之头脑判定之；凡保身卫国之德，属于此类，赖智育之助者也。又一方面，不顾祸福，不计生死，以热烈之感情奔赴之；凡与人同乐，舍己为群之德，属于此类；赖美育之助者也。所以美育者，与智育相辅而行，以图德育之完成者也。"

这个定义，不孤立地解说"美育"，而是从教育的育人内涵和功效，以及美育与德育、智育相融合的作用进行解读，不经意间，对美育作用进行了很好的说明，那就是融合其他教育方式，"辅""图"二字，即把美育作为一种教育的方式加以描述。所以，美育作用的"融合"论，是美育实施的重要策略。

人们对于教育尤其是对美育的重要性的认识，随着中国社会的发展不断清晰。

当前，我国社会的主要矛盾已经转化为人民日益增长的美好生活需要和不平衡不充分的发展之间的矛盾。

社会主要矛盾的转化，就需要作为公共服务资源的教育做出相应的反应，发挥公共资源调适社会矛盾的作用，这，既是一种担当，也是一种公共资源赖以发展的基本态度。

一方面，学校教育是一种社会公共资源，因而，只有不断优化教育资源，使优质教育资源更多更丰富，以此满足人民群众对优质教育资源的需求，才是学校教育的应有之义。

另一方面，教育更有责任以"社会教化"的职能，引导人民群众建立正确的观念，用正确的行为方式表达对美好生活的向往。

中国社会已实现全面小康，中国人民正由站起来、富起来，迈向实现强起来的伟大历史变局中。"好的生活"成为实实在在的现实存在，而"美的生活"，则更多地体现在人民群众以健康的审美观念获取丰富体验。

因此，"美的生活"绝不是豪华奢靡、铺张浪费的生活，更不是为所欲为的生活，而是给人精神愉悦的"美的体验"的生活，是有情趣、有精神享受和充满幸福感的生活。

美育是"培养生活的艺术家"，理应担当对"美好生活向往"的人以及审美态度和审美观念的引导，从学校教育层面讲，就是要发挥美育功能，加强美育工作。

2018年9月10日，全国教育大会在北京召开。中共中央总书记、中华人民共和国主席、中央军委主席习近平出席会议并发表重要讲话，这在中国教育史上具有划时代意义。

习近平总书记在全国教育大会上的讲话特别提到"要全面加强和改进学校美育，坚持以美育人、以文化人，提高学生审美和人文素养"，这昭示着党和国家对学校美育工作在新时代教育高质量发展中的积极意义的高度重视。

而此前，2015年9月15日国务院办公厅颁发的《关于全面加强和改进学校美育工作的意见》，提出了"科学定位课程目标"，指出"学校美育课程建设要以艺术课程为主体，各学科相互渗透融合，重视美育基础知识学习，增强课程综合性，加强实践活动环节。要以审美和人文素养培养为核心，以创新能力培育为重点，科学定位各级各类学校美育课程目标"。

2020年10月，中共中央、国务院联合颁发了《关于全面加强和改进新时代学校美育工作的意见》，指出："到2022年，学校美育取得突破性进展，美育课程全面开齐开足，教育教学改革成效显著，资源配置不断优化，评价体系逐步健全，管理机制更加完善，育人成效显著增强，学生审美和人文素养明显提升。到2035年，基本形成全覆盖、多样化、高质量的具有中国特色的现代化学校美育体系。"

如何构建"全覆盖、多样化、高质量的具有中国特色的现代化学校美育体系"，这是学校美育必将努力探索的方向。

这一系列具有划时代意义的重大事件和关于教育的重要文献，都在说明一个事实，学校教育要全面加强和改进美育工作，以美育实践提升学校教育质量，驱动学校教育高质量发展，为社会提供更多能够满足人民对优质教育需要的学校教育资源。

二、一名校长的美育理想和一所学校的美育实践探索

2014年，成都市高新西区一所在当时校园硬件极具先进性的、现代化的学校建成兴办。这所学校后来定名为电子科技大学实验中学附属小学（以下简称"电子科大实验附小"）。

当这所学校还是建筑工地，一切设备设施尚待进入时，四川省音乐特级教师寇忠泉即以首任校长的身份，踏进学校，开展生源调研、社区资源调研和教师资源调研，同时在深入领会了高新区社会事业局教育处对学校期待的描述之后，开始着手学校办学文化体系的软件建设探寻。

2014年暑期，当第一批教师团队聚合于学校会议室，寇忠泉给出了学校文化大纲——"儿童第一，以美育美"，让所有教师团队耳目一新。由此，电子科大实验附小开启了以美育为价值引领和特色塑造的办学实践。

从家长会参与学校文化讨论，到教师美育素养培训；从加强艺术学科建设，到融合学科凝练美育要素；从开展丰富多彩的美育活动，到探索基于学校特色创建的美育课程、美育课堂、美育评价改革，不断践行国家对学校美育工作的系列部署，积极探索学校美育创新育人模式，建构契合新时代小学高质量发展的美育体系。学校先后获得各种荣誉30多项，编著并公开出版8本美育类专著，被各类媒体宣传报道美育经验40余次，仅《四川教育》就为该校做长篇报道3次，教师在各级各类报刊发表美育论文40余篇……在名校林立的成都，以实绩彰显了在社会转型大背景下、在课程改革进入深水期、在教育高质量发展的新时代，电子科大实验附小办学的自主能力和创新实践能力！

作为首任校长，寇忠泉出生于拥有独特民族文化和地方文化的大巴山，大巴

山民歌成为寇忠泉儿童时代生活的最丰富的精神营养，因而寇忠泉从小就特别喜欢音乐艺术，后来在学习和工作中，也主动把音乐和音乐教学作为个人修养和专业素养的主要内涵，办一所充满美的内涵和美的氛围的学校，一直是寇忠泉的教育理想。

从 2000 年开始，寇忠泉先后在自己服务的学校开展了"道德欣赏教育""儿童文学启蒙教育""民歌教学"等美育实践研究，而后在领办电子科大实验附小之后，集学校师生之力，全面突出学校美育实践探索。可以说，寇忠泉 20 年美育实践追求，最终在电子科大实验附小绽放了耀眼的魅力。

探源这所新办学校硕果累累的美育实践之路，不难发现，这是一个具有美育情怀的校长集个人生活的美学体验、个体艺教的深厚积淀和校长办学的美育理想，加上一个不断提升审美素养和积淀美育经验的教师团队，静思精进、集腋成裘、汇流成河而使然。

众多鲜红的证书和密实的文字背后，我们可以翻阅到，电子科大实验附小全体上下"咬定青山不放松"般坚持笃定的实践意志和"初心激励总兼程"般艰苦卓绝的实践作为建设高质量美育体系的精神历程和探索历程。

第一章　取向德育审美化的道德欣赏教育

一、由德育低效的原因寻探德育实效的路径

21 世纪初，拜金主义、享乐主义、极端个人主义等消极因素在一些人中还有市场，少数人思想混乱、道德缺失，是非、善恶、美丑混淆。这些问题的出现和蔓延，对社会道德体系造成了冲击，损害了社会风气，也影响了经济社会的健康发展。

2006 年 3 月，时任中共中央总书记胡锦涛同志提出建立社会主义荣辱观，并提出以"八荣八耻"建立社会主义荣辱观的具体内涵。这一重大文献，立即得到中小学校的积极响应，并成为学校德育工作的重要理论方针。

在这样的背景下，成都市高新实验小学（以下简称"高新实小"）已然展开了关于德育工作有效模式的深度探究。

高新实小以"道德欣赏教育"作为改进当时学校德育普遍存在低效问题的重要抓手，同时以其德育审美化的实践取向，融合德育与美育，倡导以美立德、以美育德、以美修德，以美的崇尚和追求建立美好道德体系，以之自觉抵制不良社会风气，实现了学校德育模式的改革实践探索。

这项高度契合时代德育工作需要同时彰显学校美育融合性应用实践的探索，起源于高新实小时任德育主任寇忠泉对美育素养的不断厚积和对教育时代脉搏的精准把握。

2000 年秋，寇忠泉被"人才引进"到高新实小担任德育主任。

高新实小是一所探索性强、充满活力的新兴学校，其学校改革锐气和取得的教育改革成效，在当时整个成都市甚至在全国基础教育学校，都颇有影响力。时

任校长陈光前曾经获得全国"最佳人气校长"殊荣。

这样的学校，正是对教育探索方兴未艾、创新思维空前活跃的寇忠泉所向往的，寇忠泉有一种如鱼得水之感。

既然身为德育主任，寇忠泉自然希望在学校德育工作方面有自己的探索实践特点，以形成学校的德育特色，配合学校的品牌建设。

此时的学校德育，一方面不可避免地受当时社会一些不良风气的影响；另一方面，由于学校教育处于"应试教育"的大背景下，学校德育工作得不到应有的重视，德育实效性一直是全国性基础教育的"老大难"问题。

如何破解？

寇忠泉沿着三条思路展开对学校德育工作的深度思考。

从德育的本质维度思考，寇忠泉认为，学校德育的本质是促使儿童完成道德体系的社会化，这是一个基于儿童道德发育、增进和最终完善的过程。在这个过程中，学校辅以教育资源，而教师和一切基于儿童道德形成而开展的学校德育活动也是一种资源，儿童本身更是一种资源，这些资源的优化能够实现德育成果的高效。由此，寇忠泉得出的破解路径是：学校德育工作必须发挥作为德育工作者的教师资源和德育主体的学生资源的作用，最终才能实现学校德育资源的优化。

从德育的关系维度思考，寇忠泉认为，学校德育工作不能从五育中孤立出来，必须与智育、体育、美育和劳动教育高度融合，才能真正发挥育人功效。他认为必须为德育在其他四育中寻找一个可以融合的近邻关系，无疑，美育与德育最为接近，学校德育需要美育融入而生实效，因为"德"是"美"的，"美"本合"德"。由此，寇忠泉得出的破解路径是：学校德育工作审美化，是实现德育工作实效的重要策略。

从德育的现实维度思考，寇忠泉把当时流行的学校德育解析成四种低效德育类型：背诵德育，如各类《守则》；文字德育，如各种德育标语；训练德育，如各种"行为习惯"；考试德育，如德育课本。寇忠泉认为，与之相对应的学校德育存在着三种低效模式：讲授德育、讲解德育、训练德育，要实现学校德育工作的实效甚至高效，破解途径是：必须将讲授德育转化为感受德育，将讲解德育转化为理解德育，将训练德育转化为体验德育。而要实现德育工作的这些转化，根本基础就是让德育变得有趣、蕴美。

由于有了学校美育实践研究基础，寇忠泉很容易将美育与德育融合，并且从别林斯基"美和道德是亲姐妹"的论断出发，延引"美是可以欣赏的"的美育原理，进而推演"道德是可欣赏的"。由此，寇忠泉和成都市高新实验小学德育团队展开了德育工作审美化的"道德欣赏教育"的探索实践。

二、架构"道德欣赏教育"的体系

寇忠泉知道，"道德欣赏教育"要在学校德育工作中推动，必须要规划一个完备的体系，而作为学校德育主任，自己就是责任人。

在陈光前校长的支持下，寇忠泉带领德育处一班人利用学科教学之外的时间，不断讨论、总结、凝练，寇忠泉自己则每周末固定以一天的时间查阅资料、撰写框架、完善文本，就这样高新实小很快完成了"道德欣赏教育"的体系建构。这个体系，包括四个方面："价值体系""目标体系""实践体系"和"评价体系"。

"道德欣赏教育"追求学校德育工作的有效性，提出自主能动即有效，内生体验即有效，持续和可持续即有效。为此，"道德欣赏教育"倡导向善与尚美结合的美育价值论，将德育与美育实现基于育人内涵的有机结合，以"一首抒情的诗""一幅美丽的画""一个动人的故事""一曲动听的歌""一种充满愉悦情绪的场景"……来描述其结合点，实现基于形象塑造感染的德育价值——由于这些诗、画、故事、歌、场景都具有"抒情""美丽""动人""动听"的内质，因而能够促进德育主体去"欣赏"，并在"欣赏"过程中既产生审美愉悦，促使德育过程"走心入脑"，产生实效，又能够在"欣赏"的生命状态下，达成内化，使诗、画、故事、歌、场景中蕴藏的道德元素内化为塑心目的。因此，寇忠泉把"道德欣赏教育"解释为："在充满愉悦与美感的场景里，在情感的主动参与下，通过有目的、有计划地体验教育活动，促进受教育者对蕴含在道德言行中的美的领略与享受，进而在情感上认同与接纳，在言行上自觉践行这种道德行为的教育。"

结合当时高新实小"健康乐学，灵动多彩"的培养目标，寇忠泉和德育团队将"道德欣赏教育"基本目标确定为"欣赏社会——尽责、合作；欣赏他人——

诚信、宽容；欣赏自己——自信、乐观；欣赏自然——关爱、尊重"。并且从学生年龄特征与道德形成过程的关系出发，寇忠泉制定了年段目标：低段（1～2年级）目标——针对学生刚跨进小学，进行从"小朋友"到小学生的角色转换，针对学生家庭教育普遍较弱的特点，低段重在培养习惯良好的人、有爱心的人、热爱劳动的人；中段（3～4年级）目标——中段学生自我意识开始增强，是做人教育的重要阶段；高段（5～6年级）目标——重在培养自信快乐的人、热爱科学的人，讲诚信的人、有责任感的人。

有了"价值体系"和"目标体系"，那么"道德欣赏教育"怎样在学校德育工作进行实践操作呢？

寇忠泉认为，进行"道德欣赏教育"，必须首先遵循情感性原则、弥漫性原则、艺术性原则、互动性原则、体验性原则。这五条原则，都要求教师转变教育方式。首先要做到以情生情，做到德育过程中教师与学生都能够投入情感，以情感作为德育过程中双方积极参与的互通介质；有了这样的基础，德育场景必然弥漫着浓郁的情感，确保了德育过程的持续性。而这样的过程，需要有艺术的氛围、艺术的手段，创造美好、生动的情境，促进德育主体产生美的感受，促进对道德内涵的体验。此时，教师要注重自己的道德修养的示范性，以此激发学生的道德认同，并最终实现德育的目标。而道德欣赏教育的关键是充分激发德育主体的体验，让学生真正亲历这个过程，形成德育体验的深刻，确保道德形成过程的知行统一，建立牢固的道德观念。

在此基础上，寇忠泉和德育团队还提出了道德欣赏教育的四条实践途径：第一条，建立美育儿童学堂，使之成为"道德欣赏教育的重要场所"，并在课堂上实现"使学生在对教学内容的学习中用心灵去接近美，在对学习目标的探究中用心灵去发现美；在师生教与学的共同活动中彼此欣赏，达到心灵与美相融，从而培养学生的道德情感与道德言行"；第二条，改进学校文化育人导向，使学校文化"主题鲜明、特点突出，层次清楚、充满关爱"，以之营造积极向上、相互尊重、弥散关爱、导向尚美的生活化氛围；第三条，探索家庭教育尚美家风，使之成为"道德欣赏教育的重要场所"，改善家长文明行为，促进美好家风全面形成，让学生在家庭生活中欣赏家长言行，完善道德形成的重要渠道；第四条，加强社会实践和劳动教育，让学生参与社会志愿者活动，参与社会专题探究，参与社区劳动实践，把社会实践和劳动教育作为学生体验社会主流价值的重要方式。

寇忠泉和德育团队还从传统德育无效的原因分析中，提出了"道德欣赏教育的重要场所"的基本理念，即"将告诉升华成感受，将讲解升华成理解，将训练升华成体验"，由这些基本理念衍生"道德欣赏教育"的基本方法：观察与感悟，训练与养成，认知与创造。再由这些基本方法，延伸为"道德欣赏教育"实施的"十多十少"细则：多肯定少否定，多赞扬少批评，多理解少疑惑，多宽容少怨恨；多示范少说教，多体验少训练，多温暖少生硬，多倡导少约束，多活动少灌输，多研究少随意。

参照当时先进的评价实践理念，寇忠泉和德育团队还提出了"道德欣赏教育评价体系"的两个维度，即"教师德育水平发展性评价"和"学生品德发展性评价"。寇忠泉认为，教师的学科德育管理与水平，以及部队工作管理与部队工作质量系数，是"道德欣赏教育"评价的重要指标，而对学生道德形成的评价则以过程评价和成长记录评价袋评价两种方式展开。

三、推动"道德欣赏教育"的全面实践

学校教育理念要落地，关键在于教师建立相应的理念，并付诸行动。

为了让"道德欣赏教育"深入教师尤其是班主任内心，并内化为校本性班主任德育工作特色理念，寇忠泉以德育教研活动为契机，对班主任进行了三次系统讲座。

每一次讲座，为消解班主任们的理解障碍、促进讲座理论与实践的衔接，寇忠泉还特别选择了当今德育案例，适时点缀其中，做到理论与实践的融合，增强讲座的趣味性，以提升讲座的接受效果，激发班主任对"道德欣赏教育"的实践热情和创造性实践。

在充分获得认同的情况下，寇忠泉和德育团队及时研发了"道德欣赏教育"班队示范课，促进班主任在真实情境中，感受"道德欣赏教育"的价值和效果，激发班主任对"道德欣赏教育"的认同，并在示范课例引领下，带动班主任开展"道德欣赏教育"实践。

前置"道德欣赏教育"的价值体系。学校每一个德育活动都将德育主题审美化，使活动本身更具趣味性和体验性。

依据德育年段目标开展德育工作。学校在全校性德育活动中突出层次性，在年级性德育活动中提出主体性，在班级性德育活动中彰显全面性与个性化的融合。

在日常德育活动中，以"以'欣赏'激励'欣赏'"的具体方法，创设真实德育情境，让学生在日常生活中用欣赏的眼光认识人与自我、人与自然、人与他人、人与社会的关系，唤醒学生固有的心灵纯真，促进学生道德语言、道德行为、道德情感在日常生活中趋善近美。同时强调教师的常规德育工作要用欣赏的眼光、欣赏的理念、欣赏的方式对待学生，促进师生关系、校园氛围弥散着和谐之美、积极向上之美，让美的阳光浸润师生心田。

诚如培根所说，"欣赏者心中有朝霞、露珠和常年盛开的花朵，漠视者冰结心城，四海枯竭，丛山荒芜"。高新实验小学以"道德欣赏教育"作为德育工作的创新实施，有力地促进了学校德育的实效和高效。

四、"道德欣赏教育"取得的育人成效

许多教师将"道德欣赏教育"实践写成了教育日记，形成了高新实验小学"道德欣赏教育"的实践成果案例。

曾丽老师时时提醒自己用欣赏的眼光面对全体学生，在班务工作中，时时把"批评"转化为"欣赏"之后的"表扬"。

聂金莲老师以欣赏的眼睛时时发现孩子的美行，并由此感受到"道德欣赏教育"的美好，接手一个一年级班级，第一周她就在"欣赏"的目光中，发现了孩子们在一些小事上的美好表现，她将之命名为"花儿开在无人注意的地方"：

对一年级孩子来说，自己哪怕是做很小的一件事，总要告诉老师，希望得到老师的表扬。星期三的中午，我在教室里看到了这样一幕，很多孩子都在午休，有两个女孩在默默地擦拭墙上的污垢，事前我没有安排她们，事后她们也没告诉我，我心里一阵感动。花儿开在目之所及的地方是美丽的，花儿开在无人注意的

角落，同样让人心生感动。

熊秀红老师正是在"欣赏"孩子的基础上，发现了孩子许多闪光的德行美行，她及时记下了许多这样的故事，其中有一篇《迟到也是"美"》中写道：

这两周我重点抓"勤"，让学生7点50分到校，没按时到校的同学写说明书。一周以后，迟到的同学没几个，但我仍然坚持让他们写说明书。这天又有一位同学迟到了，我在早读课上再次要求迟到的同学写说明书。下课了，一位同学对我说，他看到那个迟到的同学因为扫过道而迟到。中午，迟到的孩子交来了说明书，也写明了自己因为看到过道飘了些纸，去打扫耽误了时间，所以迟到。言语中没有丝毫辩解。我欣赏地告诉迟到的孩子：你迟到都是美的。

他笑了。迟到是一种错误，却也有着美好的故事。

张莉老师时时以"欣赏"面对孩子们，甚至孩子们的"个子长高了""坐姿更坚挺了"都成为她欣赏的内容。

张老师还以"道德欣赏教育"成功转化了一名性格孤僻的孩子。

张老师班上有一个单亲家庭孩子小董，两岁时因父母离异与70岁高龄的爷爷奶奶生活在一起。由于各种原因，其个性明显有自私冷漠、乖张霸道的倾向，经常在班上表现出一种近乎歇斯底里的情状。

一年级上学第二天，因为一件小事她闹了三节课，其间包括校长在内的5位学校领导相继来找过她，希望通过了解情况对其进行说服教育，但都被小董骂得一头雾水，一直以"方脑壳""神经病""弱智"等恶语相向，全校为之轰动。

经过无数次的家访与交流，张老师发现小董严重缺爱又被溺爱——一方面，她缺少父母之爱，母亲远在深圳就职，本来生活在小县城的小董在六岁时被母亲安排在陌生的成都读书，而生活在成都的父亲也不能常见；另一方面，她又被"隔辈疼"溺爱，高龄的爷爷奶奶似乎要为严重缺乏父爱母爱的可怜孙女进行爱的"大补"，因此对她宠爱有加，以致爷爷奶奶成了这个小孙女的一颗棋子，想怎么摆弄就怎么摆弄。爷爷奶奶根本无法正确、正常地教育和影响孩子。

这样的家庭教育，使小董养成了从小爱攀比、凡事只想到自己、不顾他人感受的习惯，更有甚者，她会把别人对她的关心当作虚伪，因而与同学的相处十分困难。一旦有矛盾，她就会出言不逊甚至出手打人，科任老师问她为何这样，她振振有词地说："我妈生气还砸碗呢！"

为了真正改变这个女孩，张莉翻阅了许多单亲离异方面的信息资料，阅读了卢勤、孙云晓、多湖辉、哈尔威特等诸多致力于这方面研究的专家们的书籍。就在张莉为转化小董操碎了心的时候，高新实小开始实施"道德欣赏教育"，张莉借此对小董实行"道德欣赏教育"。

起初，张莉利用节假日带小董出去玩，随后，每次家访时，张莉还带小董去同学家里看看，同时，对小董愿意随自己到同学家提出表扬。只要小董有一点进步，张莉就给她以鼓励，有时可能还会给她一份奖品……当年小董的生日，张莉专门精心为之开了一个邀请全班同学参加的生日晚会……为了用自己的爱、同伴的爱为小董撑起一片情感的天空，张莉经常创设育人情境，引导小董用欣赏的眼光看待身边的一切，小董一天一天发生了变化……并且最终在张老师多次与小董母亲交流后，小董的母亲回到了成都，与孩子生活在了一起。从此，孩子的进步很大，个人心态也有了根本性转变，后来还被评选为学校的"进步学生"。

以师爱为基础，面对学生可能出现的表现，以"欣赏"平和内心，创设审美化德育情境，触动学生去"欣赏"，最终促使其形成向美尚美的美好情感，这就是"道德欣赏教育"的本质所在。

张莉把改变小董的经历写成了近七万字的个案研究，这个个案研究中记载，张莉对小董个别交流辅导百余次，倾听其倾诉十数次，家访多达数十次。在张莉不遗余力的帮助下，小董在小学阶段彻底扭转了性格缺陷，在毕业考试的作文中，小董写下了自己的转变和对张莉老师发自内心的感激：

到了六年级，我才意识到以往的诸多不是，但根深蒂固的逆反心理怎么能轻易改变呢……有一次我给张老师写信，提到了我以前的种种不对，以及对老师的歉意。张老师说："我接受你的歉意。但得把歉意化为行动，告诉自己，'我能控制自己的情绪''我能做个快乐的女孩'。大家都希望你快乐！"……张老师，千言万语中，我却只能找到一份真挚的感谢。您不仅给了我扎实的语文基础，也给了我一份温暖。

"道德欣赏教育"实践，契合了教育生命观和德育美学观，把道德形成的内在过程介入美育资源，既确保了个体道德介入美的元素，使德育内涵更加丰富和纯洁，又确保了孩子道德形成过程中因美的方式的介入而具有实效甚至高效性。

这个暗合当今德育大家檀传宝"欣赏性德育"理念的研究，在高新实小铺展开来，为高新实小学校品牌增值奠定了坚实基础，成为个性实现学校特色发展的一个重要亮点，先后被《精神文明报》和《中国教育报》报道。

美育归根到底是以美的教育方式，实现人的思想情感的纯洁、道德情操的净化、生活情趣的优雅、想象思维的宏阔、创新意识的灵敏以及人文素养和精神世界的丰富。

这，正是"立德树人"的内涵所在。

第二章　儿童文学启蒙课程的生动实践

一、儿童文学启蒙教育的理性架构和课题立项

新课程改革之初，作为批判的对象，不少专家将传统的应试教育方式解读为"无情教育"。

体现在人文性很强的学科教学上，明显以"知识点"为课堂中师生教与学活动的基本线索，忽略了文本蕴含的育人性，更忽略了学校教育本身应该承载的多元意义。

改变教师课堂教学行为是一个长期甚至不无障碍的过程。

但若从校情出发，开设校本性和人文性强的校本课程，则一方面可以快速引领教师进入基于校本课程实施的、明显区别于应试教育的育人轨道；另一方面，校本课程本身也为学校打开了新的教育视野。

2004年秋，已是高新实验小学副校长的寇忠泉被派往新建的高新实小新北校区（今高新区新光小学，以下简称"新北校区"）任执行校长，这是寇忠泉独立办学的第一站。

寇忠泉是一个办学的"明白人"——校情，是校长工作开展的基础条件。

通过考察新北校区学校地理和生源情况，寇忠泉得知，学校地处城乡接合部，环境条件差，当时街道路灯都还没有；社区入住家庭来自四面八方，家庭文化结构复杂；学校由原来的一所村小升级而来，学校辐射家庭对学校教育的理解陈旧，对新的教育观念认同度不高；学校生源多为随迁子女、进城务工子女，家长忙于生计，家庭教育严重缺失，学生行为习惯差。

那么，怎样办一所既适合新北校区校情，又能够与高新区教育发展匹配，且

基于教育均衡，能够为社区提供优质教育资源、满足辐射家庭对优质教育需要的学校？

寇忠泉经过仔细分析，开出了学校办学的三条基本策略：一是针对学校地理环境的社会因素，实施以逐渐培养学生良好的行为习惯为抓手的策略，以教彰化，反哺社会，将学校建成社区文化的桥头堡；二是基于学生行为习惯的缺失，实施以儿童文学启蒙学生的精神世界、丰富学生美好的情感、塑造学生美好的心灵的策略，以文化浸润的力量消减学生生活的负能量，实现改变学生行为习惯的目标；三是针对家庭教育缺失的基本事实，尤其是家长陪护的普遍缺失，实施让学生爱上阅读代替家长陪护的策略，以丰富的美的儿童文学阅读填补家长陪护的空缺，促进学生在文学形象的感召下，自主建设丰富的内心世界。

寇忠泉深知，后者是学校工作起步的关键点。

"儿童文学启蒙教育"在寇忠泉"灵光一闪"之后，迅即促成新北校区基于应试教育突围的学校方案。

在与新北校区德育主任、特级教师李国惊交流后，寇忠泉与李国惊开始编写《儿童文学启蒙教育课程大纲》。

《儿童文学启蒙教育课程大纲》在描述课程三大价值体系中指出："把儿童文学作为重要资源，发挥儿童文学所具有的审美和情感价值，通过文学形象审美和审美情感表达，丰富和发展学生经验世界，以培养学生的文学素养和文化品位。"这个价值定位，充分彰显了"儿童文学启蒙教育"的美育性。

《儿童文学启蒙教育课程大纲》在学生学习儿童文学作品的方法上，凝练出"阅读、感悟、欣赏、品味"四大方法，也正是对美育方法的实践应用。

《儿童文学启蒙教育课程大纲》在评价方式上，提出"评价的重点不是考查学生究竟熟悉了多少篇文学作品、掌握了多少文学知识和具有多强的文学能力，而是关注在文学阅读的过程中，学生自身的经验世界以及情感态度、价值观的变化、发展的状况"，这正是学校的美育目标所在。

为了推动学校全面实施"儿童文学启蒙教育"课程，寇忠泉在陈光前校长的支持下，将学校校本课程建设提升为市级课题研究，以课堂研究带动学校全面实施。

于是，高新实验小学成立了学校"儿童文学启蒙教育"课程课题组，编写了《"儿童文学启蒙教育"课程课题研究实施方案》。该方案对国际、国内儿童文学教育做出了全面的分析，在描述课题研究价值方面，提出了儿童文学启蒙教育的"丰富知识，开启心智""爱的感受，美的熏陶""培养高尚的道德情操""丰富词汇，培养语言表达能力""快乐文学，快乐儿童"，体现出对文学教育中美育价值倾向的重视。

《"儿童文学启蒙教育"课程课题研究实施方案》对"儿童文学启蒙教育"的界定描述是"儿童文学启蒙课，是旨在对儿童进行文学的启蒙和美的熏陶，以培养他们对文学的兴趣和热爱的校本学习课程。儿童文学启蒙课是学校语文教育课程内容和教学组织活动的重要资源"。

突出文学教育的美育价值，这就是寇忠泉和新北校区探索"儿童文学启蒙教育"的本质所在。

二、儿童文学启蒙课程的校本实践

2005 年冬，寇忠泉在全面完成"儿童文学启蒙教育"理念体系建设后，以"儿童文学启蒙教育课程启动仪式"为契机，邀请全国著名儿童文学作家金本、谭旭东、邱易东等，与省内语文教育界专家共 10 余人，齐集新北校区，发布实践理念，铸立实践信心，启动实践行动。

启动仪式为"儿童文学启蒙教育课"的实践探索营造了声势、营造了氛围、凝聚了共识，产生了广泛的影响。

随之，新北校区以"儿童文学启蒙课"作为校本课程开展全校性、分学段、上大课的儿童文学阅读课程教学，将儿童阅读时空延伸到文学阅读，达成情感教育的育人目标，确立"儿童文学启蒙课程"内容聚焦、全校参与、欣赏为主、以美育人的实践方向。

在新北校区，"儿童文学启蒙课"开展得有声有色。每一个学段、每一个班级都有儿童文学课。在统一的校本课程教学时间内，教学内容应学段和班级的不同，有的是儿歌教学，有的是童话教学，有的是儿童诗教学，有的是儿童戏剧教学。课型则既有欣赏课，也有表演课，还有创作课。

为了加强儿童文学教育教学的专业性，寇忠泉与学校随之建立了"邱易东儿童文学工作坊"，邀请著名儿童文学作家邱易东作为住校作家，为学校开设"儿童诗歌创作"校本课程，引导学生热爱儿童文学阅读，引导学生创作儿童诗，确保"儿童文学启蒙课程"的实施有内容、有教学、有阵地、更专业。

为不断提升儿童文学启蒙课的教学质量，寇忠泉还特别注重通过开展儿童文学启蒙课程，建设以语文教学为主体的教师队伍。先后开展了"邱易东儿童文学工作坊"师带徒活动、语文教学专家文学教育方法讲座，教师集体分享儿童文学课程实施体验等活动。

其中作家解析作品给教师们启发很深，许多教师拓展了对语文教材研读的视野，而语文教学专家文学教育方法讲座，则丰富了语文教师学科教学实践，促进了教师专业的发展。

这些活动，不断提升学校教师儿童文学启蒙课程的实施能力，确保了"儿童文学启蒙课程"的师资保障、研究效果，为新北学校教师专业研修提供了创新模式，积攒了丰实的教师资源，很多常年参与其中的教师后来成为学校骨干教师和管理干部。

儿童文学启蒙教育课程的全面实施，使得部分有文学素养的学生的潜力得到了开发。为了确保这一部分儿童获得潜力开发的最优状态，寇忠泉和新北校区还成立了学校儿童文学社团，打破班级建制，采取社团管理模式，以突出兴趣为主，坚持自愿原则，实行优中选优，将已经具备阅读和创作激情及能力的学生组成儿童社团，在著名作家的带领下，展开社团活动，储集优秀成果，在各类儿童文学报刊上发表作品，有力地促进了"儿童文学启蒙课程"实践有成果、高质量。

更重要的是，寇忠泉还把学校德育活动以及各种时令课程与儿童文学启蒙教育课程紧密结合，通过多元整合教育资源，发挥整合性育人效果，拓展了课程的育人模式。

例如，每年的春天，学校要开展"寻找春天"的德育活动。在寇忠泉主导下，学校先开展关于春天的教学，或吟诵欣赏关于春天的诗，或梳理童话中关于春天的美好景物描写，或创写关于春天的文学作品……在此基础上，在"寻找春天"的德育活动中，学生就会有许多体验，融入了美育元素，增强了德育效果。

这种基于"儿童文学启蒙课"的整合课程，后来成为新光小学（新北校区）的校本课程亮点。2014年5月，新光小学开展了"快乐文学情系灾区"的主题德育活动。其方案如下：

目的和意义

为培养儿童浓厚的阅读兴趣，提高学生的文学素养，丰盈儿童内心，快慰心灵；表达对灾区小朋友的关爱与鼓励，教育孩子勇敢面对灾难，坚强生活，根据学期教学工作和儿童文学课题研究计划，开展此项活动。

活动内容

儿童文学作品诵读、儿童文学课型研讨、儿童文学小报展评、儿童文学园地建设展评、与灾区小朋友心连心。

具体安排

儿童文学作品诵读：低段以儿童诗、儿歌为主，中段以童话为主，高段以童话、儿童小说为主，各年级充分利用儿童文学启蒙课、朝会、午间休息、代管时间和课后组织学生开展多种方式的快乐诵读。责任人：各班儿童文学启蒙课教师。

儿童文学课型研讨：分低、中、高三学段进行，每学段集体研讨打磨一堂课，在全校交流展示，供大家研究讨论。交流时间：6月4—6日。责任人：低段：方英；中段：李敏；高段：周贵芳。

儿童文学小报展评：1～2年级组织学生将自己最喜欢的儿童文学形象画出来，3～5年级组织全体学生认真办文学小报，然后精选3～5份，以年级为单位制成展板在校内展览、评比。各年级评出一等奖4名，二等奖6名，三等奖若干名（凡展出均评三等奖）。责任人：低段：方英、陈燕、杨晓霞、李雨花；中段：李敏、熊旭、蒋林芬、刘姣；高段：周贵芳、李明镜、黄贺平。

儿童文学园地建设展评：各班更新、丰富儿童文学园地，图文并茂，2平方米左右大小，5月30日课题组到各教室拍照，制成展板全校展评。责任人：各班儿童文学启蒙课教师。

与灾区小朋友心连心："5·12"汶川大地震给我们的同胞带来无比伤痛，我们时刻牵挂着灾区小朋友。3～6年级组织学生给灾区的小朋友写一封信，主题是"我们永远在一起"，鼓励灾区小朋友勇敢面对灾难，顽强战胜困难，和我们一起勤奋学习，共创美好明天。各班精选1～2份寄给灾区小朋友并在学校展出。用统一纸张誉写，5月29日下午交教导处。展出儿童文学社写给灾区小朋友的诗。责任人：各年级语文备课组组长、语文教师。

不难看出，这份方案是对寇忠泉在新北校区开展儿童文学启蒙课程教育的继承。

三、取得的成果及儿童文学教育联盟的生动实践

寇忠泉在新北校区的儿童文学启蒙教育课程实践，有力地改变了新北校区的学校面貌，促进了生源薄弱的新北校区教育质量的飞升，让新北校区成了四川省巴金文学院"四川文学新苗积淀学校"。在授牌仪式上，省内儿童文学作家和语文教育专家共 10 人，为检验学校儿童文学启蒙教育成果，作家和专家们先后随意出题，学生现场以 20 分钟时间创作，所创作的作品，赢得在场所有人的掌声。

寇忠泉在新北校区的儿童文学启蒙教育课程实践，促成新北校区承办了全国性儿童文学教育教研活动，积累了一批儿童文学教育的经验，提供了优质儿童文学教育案例，成长了一批从事儿童文学教育的优秀教师。其中，陈晓红老师是一位积极实践儿童文学课的语文教师。她在实践中，结合语文学科教学领悟到，自己的语文教学要追求"让语文课堂充满童趣"。在为儿童文学启蒙课程实施活动上示范课《鸟儿的侦察报告》一课时，陈晓红老师结合自己所教班级学生朗读水平比较好的学情，以欣赏为教学基本方式，引导学生在熟读课文的基础上，抓住关键的语句反复品味，并通过有关图片、配乐、影像等资源应用，激发学生的学习兴趣，让学生的情感与作者的情感产生共鸣，唤起他们的环保意识，实现语文要素与人文主题同时升华。情感是组成其课堂的线索，通过"话题勾连、导课启情"—"以读促悟，形象升情"—"自主释疑，探究升情"—"总结合题，课堂延情"。这样的课，在新北校区，不是个例。

寇忠泉在新北校区的儿童文学启蒙教育课程实践，最重要的贡献在于，探索并编写了具有校本性的《儿童文学启蒙教育大纲》，为学校实施儿童文学教育树立了个性化、具有校本性的实践体系。

寇忠泉在新北校区的儿童文学启蒙教育课程实践，不仅根本上改变了新北校

区的学校面貌，改变了学校校风、师风和学风，提升了新北校区的办学质量，巩固和强化了高新实小在区域内学校教育的影响力，形成新北校区"一校一品""一校多品"的学校美育发展格局，也积攒了自己的办学实践经验，尤其是学校美育的实践体验。

而"儿童文学启蒙教育"一直是寇忠泉办学理想的重要组成部分，也是其学校美育实践的重要内容。当寇忠泉在后来的办学实践中，再度倡导"儿童文学启蒙教育"的时候，其影响力直接促成了"巴蜀儿童文学教育联盟"的成立。

2016 年 11 月 10 日，在寇忠泉任校长的电子科大实验附小，"巴蜀儿童文学教育联盟"在众多儿童文学作家、语文教育专家和 20 余名校长的见证下成立了。寇忠泉结合学校办学文化，结合教育部《关于深化课程改革，落实立德树人根本任务的意见》精神，提出了"通过'儿童文学教育联盟'的教育行动，让我们的孩子们，畅游于儿童诗的海洋，翱翔于童话的天宇，点亮心中的'小橘灯'，与美人鱼对话，成为白雪公主的好朋友……让儿童文学伴随儿童成长，用真善美的光芒照亮孩子们的成长之路。最终，让他们成为健康乐学、灵动多彩的学生"联盟愿景的描述。

作为联盟的实际组织者和牵头人，寇忠泉主持编写了《"巴蜀儿童文学教育联盟"章程》。作为联盟理事长单位，电子科技大学实验中学附属小学和寇忠泉将联盟组织与刘宝华、邱易东、雪野等著名儿童文学作家和朱自强、何夏寿、刘晓军、何立新、余小刚等著名儿童文学作家与语文教育专家进行资源整合，进一步策划和组织系列联盟大型活动 20 余次，直接培育了刘晓军、何小波、王三炯、万庆华、张晋容等教师儿童文学作家的创作活动，促成了刘晓军儿童小说《俺是转学生》、何小波儿童诗集《五爪鱼的歌》、王三炯儿童诗集《太阳是个牧童》等的出版。

联盟活动辐射四川多个地市，延伸到重庆、河南等省市学校。其中 2017 年 4 月在达州文华街小学开展的"儿童诗歌教育"活动，更是引来《达州日报》、达州电视台的全面关注，引发达州市民对儿童文学教育的热烈反响，并为文华街小学校本特色形成提供了优质的资源支撑。

2017 年 7 月 7 日，"巴蜀儿童文学教育联盟"在峨眉山市第一小学开展的第三届骨干教师高端研习活动上，以"统编教材儿童文学作品课程建设理论探讨与教学设计实战训练"为主题，来自各联盟学校共 80 余人，进行了为期一周的学习。著名儿童文学作家雪野，语文教育专家朱自强、裴海安、刘晓军、余小刚等人做了理论引导，全国语文名师吴勇上示范课，参培教师进行儿童文学交流，整个活动形成了"理论引领，教材解读""名师分享，榜样示范""基于教材，操作体验"的研修特色，为语文课程改革的交流合作、研究发展、成长进步提供了交流平台。

2019 年年底，尽管受到新冠疫情的影响，儿童文学联盟依然坚持线上活动，有力促进了联盟学校儿童文学教育的持续进行。

曹文轩在论文学的教育价值时，指出文学教育是"营造审美境界"的教育，并进一步指出：

一个人完整的精神世界，是由许多纬度组成的。其中，审美怎么说都是一个十分重要的纬度。而文学对这一纬度的生成，几乎是最有效的。文学根本性的功能之一，就是审美。如果说，远古的文学可能更在意的还是表达思想和抒发情感的话，那么后来的文学则越来越在意它的审美价值。而人们亲近它的一个很重要的原因，也正在于它们能够满足人们的审美需要并能够培养人们的审美经验、提升人们的审美境界。

审美，使人类渐渐变成了有情调的人类，使人生变成了有情调的人生。今日之人类与昔日之人类相比，其一大区别就在于，今日之人类有了一种叫作"情调"的元素。而在情调的养成中，文学立下头等功劳。

人类有情调，使人类超越了一般动物，而成为高贵的物种。情调使人类摆脱了猫狗一样纯粹的生物生存状态，而进入一种境界。在这一境界之中，人类不再仅仅享受种种官能得以满足的原始快乐，而有了精神上的享受。人类一有情调，这个物质的、生物的世界从此似乎变了，变得有说不尽或不可言传的妙处。人类领略到了种种令身心愉悦的快意。天长日久，人类终于找到了若干表达这一切感受的词语：静谧、恬淡、散淡、优雅、忧郁、肃穆、飞扬、升腾、圣洁、素朴、高贵、典雅、舒坦、柔和……

由艺术美育到儿童文学美育，由研究德育美育到美育课程建设，寇忠泉跨出了学校美育最坚实的一步。

第三章　民族音乐教育的深度研究和影响辐射

一、破解音乐教师专业发展的密码

随着国家对素质教育的日益重视，艺术学科得到了应有的重视。

2010 年开始，作为音乐特级教师，寇忠泉再度把个人学术研究视野投放到音乐教育专业。

由于应试教育以来，中小学音乐教育长期被当作"豆芽学科"的惯性，中小学学校对音乐教育的重视度不够，音乐教师专业发展的方向不明。

寇忠泉从当时的音乐教育现状分析开来，认为当前身处中小学音乐教学第一线的音乐教师由于各种主客观因素，在教师专业化发展中存在三个方面的缺陷：一是乐于在自己的音乐专业技术的提高上下功夫，而忽视课堂教学实践经验的思考与总结；二是所任课时量太大，忙碌于每天的课堂教学，而对当今国内外中小学音乐教学研究理论发展与改革趋势了解不够；三是我国艺术师范教育重专业技术训练，轻教育理论学习的缺陷，导致他们缺乏基本的教学研究方法。

针对教师专业发展的这些突出问题，寇忠泉在多年的小学音乐课堂教学实践经验的基础上，提出了中小学音乐教师"一问一课一法一文"的专业成长行动模式。

所谓"一问"，即"每学期开始，问一问自己在专业化发展过程中存在的主要问题是什么"。寇忠泉认为，在每一个教学周期开始的时候，教师对自己存在的问题要进行梳理，选择对自己专业化发展最有价值的问题，为自己的教学研究提供方向，所以，"一问，即音乐教师个体，对自己所处的教育教学问题情境的追问。"这些追问，既要注意"问题要有价值"，还要注意"问题要力所能及"。

所谓"一课"，就是"紧紧抓住'一问'，作为一段时期'一课'教学研究的主要内容"。寇忠泉特别强调，"一课"的"一"不是特指一堂课，而是"一类""一种"，将教学研究主题化，以问题形成类概念，专业发展中的一个问题、一类问题才是"一"，由此对应相应的课例。因此这"一课"可能是承载着这"一问"的一系列课。老中青特别提道："提出有价值的问题是解决问题的开始。而对一个有价值的教育教学问题，最有效的解决途径是在教学的实践中，把问题放到课堂上，在课堂教学中来寻找解决问题的方法，又在课堂教学实践中来验证方法的有效性与科学性。这是音乐教师专业化发展的有效途径。"

而"一法"则是"对'一问'的课堂研究，实践价值在于总结出解决问题的基本方法"。寇忠泉认为，对于音乐教师的教研实践来说，明白理念、澄清问题固然重要，但更重要的是通过对问题的研究，获得一些基本方法。从中既可以品尝到"一问""一课"的价值所在，又能够体验到专业化发展的成就感。

所谓"一文"，是"对'一问'的实践，用文字做系统总结与梳理"。寇忠泉认为，音乐教师的专业化发展是一个过程：在问题中思考，在思考中行动，在行动中发展。因此，记录下自己这一过程的所感所悟是中小学音乐教师专业成长的有效途径。

由于高新区寇忠泉名师工作室成立，寇忠泉带领工作室成员先后为区内区外音乐教师做讲座和做课，把自己的研究转化为音乐教师突破专业发展的引擎，引导音乐教师进行自己的研究行动。

为促进一线音乐教师首先从课堂转变入手，寇忠泉以自己的教学经验为索引，从研读教材、教学设计、课堂实施三个方面提出了教师专业能力提升方法。

寇忠泉提出了音乐教师"要正确认识和使用教师用书""研究单元教材（课本）的教学价值""确定单元教学内容之间的关系，正确使用教材"的研读教材能力提升方法，"教学目标设计要处理好预设与生成的关系""教法设计要充分体现审美性"的教学设计能力提升方法，以及"音乐课中的'小导演'""让课堂探究更有效""培养学生表现美的能力""学生才是课堂的主人"的课堂实施能力提升方法。

很多一线教师由此获得了专业能力提升，可以说，寇忠泉以自己接地气的实践研究，破解了一线音乐教师专业发展的密码。

二、以音乐教育审美化研究建构音乐学科美育理论

人在职业行走过程中，学科底色永远是其努力深探的方向。

寇忠泉从 2010 年开始对音乐教育进行深入研究，对于他来讲，音乐教育是其生活中深藏的精灵，时刻都在呼唤自己与之进行对话。

2012 年，寇忠泉在深入大凉山采风的基础上，应邀编著了《歌声飞出大凉山》一书，作为四川民族音乐地方教材出版发行。这本书以音乐课标为编写依据，以"感受与欣赏""表现""创造""音乐与相关文化"四个领域为编写骨架，结合彝族传统民歌、器乐、歌舞的艺术特点，探索具有彝族特色的音乐课程。

书里收录了大量彝族民间歌曲，涉及儿歌、劳动歌、喜娱歌、节日歌、情歌、山歌等相关音乐知识和彝族民间器乐、彝族民间舞蹈等。

在这本书里，寇忠泉总结出了音乐赏析、民歌演唱、音乐活动、器乐演奏等四种课型和想、听、唱、奏、创、说、演、画等教学方法。

可以说，《歌声飞出大凉山》奠定了寇忠泉系统研究音乐美育和民族音乐教育的研究体系。

从 2012 年开始，寇忠泉提出了自己的音乐教学核心理念"音乐教学审美化"，并且提出了"声—景（境）—情"三位一体的音乐教学审美化模式。寇忠泉畅想的音乐教学目标是"在促进学生审美素养的过程中，散发着生命之美的光华"。

这些成果的凝练，体现在寇忠泉陆续为各地教师做音乐美学与优化设计的系统讲座中。他的题为《情趣交响生命的乐章——音乐课堂设计审美论》的讲座，就包括以下内容：

一、课堂结构形式审美化

1.起承转合的结构美（教学板块的逻辑）

2.动静交替的活动美（学习活动的安排）

3.情趣变化的形式美（有效的小组合作）

（1）学生在音乐教室里依据什么而坐？

（2）有效音乐的小组合作学习（小导演制）

二、课堂教师形象的审美化

1.可听的语态美（抑扬顿挫）

2.可观的体态美（生动的肢体语言）

3.可感的神态美（内在与外在统一的气质，腹有诗书气自华）

三、课堂教学语言的审美化

1.体现教师内涵的优雅语言美

2.反映教师智慧的诙谐语言美

3.彰显教师个性的激情语言美

四、课堂学习方法的审美化

1.形式丰富地听，感受音响构成的形式美

2.声音美好地唱，表现情景交融的形象美

3.富有层次地奏，体验音乐交响的和谐美

五、课堂教学环境的审美化

1.把握课堂整体的情境美（单一，多样）

2.培育学生个体的心境美

3.巧设教学资源的环境美

（音乐是艺术，教学的艺术之美，一定要在资源上讲究，如教具、学具、教室环境、色彩、灯光等）

六、课堂教学模式的审美化

1.音乐课堂应情趣交响

2.教学模式的审美化三原则

（1）善于用声

（2）巧于塑景

（3）精于传情

3."声景情三位一体"音乐课堂教学模式

七、重视课堂细节美

1.处理课堂生成的三策略（热、温、冷）

2.有效管理课堂的五原则

3.教师发挥主导的三方法

4.课堂的板书与板书设计

5.教师的良好情绪管理

6.选择品质优良的音响

显然，寇忠泉已经在厚积其音乐学科美育基础，并且通过自己的教学实践和探索，形成了自己独到的音乐学科美育理论。

随后，寇忠泉还相继出版了《班主任工作艺术》《在音符中徜徉的美育》《情趣交响》等专著。

《在音符中徜徉的美育》一书里，寇忠泉吸收了亚里士多德描述音乐的"教育""净化""精神享受"的功能，并力图通过具体的教学案例将其呈现出来。《情趣交响》收录了寇忠泉《为生命的尊严与美好而教育》《追求情趣交响的音乐课堂境界》《给孩子阳光灿烂的童年》《用爱拨动美好的音符》《自然教育理论所思》等文章，集中展示了寇忠泉的音乐美育思考。其中，《用爱拨动美好的音符》和《追求情趣交响的音乐课堂境界》可以说是寇忠泉对音乐美育的理性解读，而《为生命的尊严与美好而教育》和《给孩子阳光灿烂的童年》则是其作为办学者对学校教育的深度思考。

三、领衔省级名师工作室的音乐教育影响力辐射

2018 年，寇忠泉作为四川省教育厅首批学科名师工作室领衔人和唯一音乐学科名师领衔人，开始了辐射全省的音乐教育指导。

之前，寇忠泉就已经领衔了区、市两级名师工作室，并且有过关于音乐教育的深入研究。

"寇忠泉四川省鼎兴名师工作室"共有成员 13 名、学员 73 名，其中既有一线教师，也有市级教研员。

在寇忠泉看来，作为省教育厅主导下的首批学科名师工作室，一定要有清晰

的名师工作室领衔人观，这反映了名师工作室领衔人对学科引领的价值存在。寇忠泉为此为自己领衔的名师工作室凝练了"'四个一'引领、'三注意'衔接未来"的学科名师工作室人观。"'四个一'引领"是指：一心——静心，静能生定，定能生慧之心方可行稳致远；一根——课堂，立足课堂的工作室建设，方显其专业生命力；一点——学术，学术成就是工作室品牌建设的立足点；一面——群体，以点带面，群体成长，促进区域学科发展。"'三注意'衔接未来"是指：注意与做人衔接，注意与内生力衔接，注意与实力衔接。

同时，寇忠泉还特别描述了自己领衔的名师工作室的发展愿景："培育有'学养'的'三明'教师"。所谓"三明"，即明白、明理、明朗。

以此为目标，寇忠泉又结合《意见》精神，确立工作室的研究目标为：专注于民族音乐文化，传承学术品牌建设，立足四川省小学音乐教学区域，放眼全国小学音乐教育发展时态。

"这个研究是从更早的、这样的问题开始的：汉族的山歌用奥尔夫怎么教？侗族的大歌用柯达依怎么学？童谣学习，达尔克洛兹之外，有呈现我们母语文化的其他方法吗？就这样的问题，工作室的成员、学员达成的共识是：我们应该从我们的民族文化出发，尝试寻找一些具有中国文化色彩的方法，或者我们应该用本民族的生活方式学习我们中国的民歌，这是我们音乐教师的责任！'中小学民歌教学研究'由此成为我们工作室的学术研究品牌。"寇忠泉对"小学民歌教学方法"的探究，给出了自己的学术研判。

工作室成立以来，在寇忠泉的引领下，成员和学员通过开展大量的读书活动、课例研讨、教育科研、交流培训活动，搭建起丰富的学习、成长平台，很好地提升了老师的专业发展力。

读书明理活动。工作室在寇忠泉的倡导下，坚持以读书丰富学术素养，提升教育智慧，聚焦教学的真理、原理、理论、理念、规律，通过阅读了解教学实践、课题研究、课堂课例研究、教师成长等典型问题基本原理、解决教师成长困惑，并以此来指导教师的教育教学行为，在教学中尊重学生成长的规律，帮助学生成为一个有人文情怀与审美情趣的人，以提升学生的艺术学科核心素养。寇忠泉结合成员、学员的成长规划，从管理的角度，组织老师读民歌教育教学论著，以此来提升老师们的民歌教育教学理论素养，让老师掌握音乐教育的理、了解音乐教育学科教学的理。在具体的活动中，紧紧围绕"中小学民歌教学"这一主题，要求每学期每位老师都要完成"四个一"活动，要求每位教师每期完成 1 次民歌教学读书分享，撰写 1 篇高质量的民歌教学读书心得，设计 1 个经典民歌教学案例，记录 1 篇民歌教学实录。这样，老师们在读书、分享、总结等活动中，形成了多元结论或多维经验，每位讲述者与每位聆听者都成了阅读者，也都成了独立的思考者，理论知识更丰厚了，也更加明白做教师的意义和价值了。

研课求真活动。多元化组织工作室成员多渠道展开研课活动，聚焦民歌课堂教学，探讨民歌教学资源的选择、教材的研究、教学活动的设计、教学方法的运用等，每年通过大型民歌课例展示活动、磨课活动、辨课活动、评课活动等，来求真音乐学科教学理论，掌握音乐学科教学规律，在实践中求得小学民歌教学真经，让成员和学员养成问题意识，善于在教育教学实践中发现并提出有实践意义的问题，养成学术研究的思维习惯，总结自己的教学特点、形成自己的教学特色甚至教学风格，并学以致用地进行实践。在实际教学中用艺术美、音乐美去熏陶人，以文化去影响人。

科研提质活动。2018 年，工作室立项了成都市名师课题《小学民歌教学方法实践研究》，开展了四川省名师重点课题《以四川省为例——小学民歌教学资源开发与运用》研究。以四川省境内的主要民族，汉族、藏族、彝族、羌族、土家族等民歌为教学研究内容，用专题研修的形式提质学术发展，开展民歌教学课例观摩，共同观课议课，提炼课堂中的规律性经验，或讨论重大认识与方法问题，开展民歌采风活动、邀请专家培训、讲座，学习民歌知识，了解民族音乐的研究动态；阅读关于民族音乐、民族音乐文化方向的书籍，弥补成员和学员在民族音乐文化知识（甚至常识）方面的不足；撰写教学论文、课例、反思、心得等，在"写"的过程中去总结、反思、提炼、升华民歌教学方法，形成物化成果。

交流辐射活动。寇忠泉名师工作室成立以来，利用各种平台，进行了广泛的经验交流、专家培训等学术活动。交流辐射活动分为八种：一是每月一次固定时间的学习分享和交流活动，以团队成员月学习体会为主，兼有专家培训；二是领衔人讲座，寇忠泉为工作室讲座成员和学员做各类讲座 30 余次，并现场做课 3 次，现场评课 20 余次；三是专家讲座和指导，先后邀请尹爱青、陈运城、杨晓、孟辉、谢晓梅、徐伟、魏平、曹安玉、柳良、贺继业等近 30 名省内外专家对团队进行了专业指导；四是团队成员经验交流与分享，鼓励团队成员交流自己扎根一线的微课、微创造和点滴经验;五是成员、学员所在地音乐教研交流,凡团队成员所在区域音乐专业教研活动邀请工作室参加,工作室都尽量参与;六是与省内外名师工作室之间联合举办教研交流活动,先后与沈阳陈运成工作室、重庆谢晓梅工作室和浙江、内蒙古、新疆石河子市以及达州市、攀枝花市教研室等进行了联合教研,交流了工作室发展成果,扩大了工作室影响;七是音乐教育大型学术活动的参与,参加了"千课万人"的讲座、做课、评课活动和"第二届中国音乐教育大会"。在这些活动中,工作室把研究成果带到现场展示,与专家、同行交流,聆听他们的建议,接受他们的批评;八是边远山区音乐教育送教活动,每次深入边缘山区送教,团队都会深入当地的民间艺人之中,吸收来自山岭大地的民族音乐文化养料。

以民族音乐教育为工作室学术研究特色,扎实推进工作室相关活动,寇忠泉省级名师工作室成立两年来,取得了一系列重大成果。这些成果体现在五大方面:一是成功撰写了26万字的《美的绽放》工作室发展专著(此成果还收录于"2018年度国家社会基金教育学重大课题《教材建设中创新性发展中华优秀传统文化研究》子课题《音乐学科传承中华优秀传统文化研究》阶段成果"和教育部基础教育课程教材发展中心课程教材研究所《中华优秀传统文化传承项目》研究成果)且完成了《歌声飞出大凉山》的课程读本开发(修订);二是有《在"司空见惯"中寻求发展》等5篇课题论文在国家、省级刊物上发表,有《展地域之歌,承民族之魂——安州本土音乐在小学的现状与策略研究》等20多篇论文获得全国、省、市、区论文比赛一、二等奖;三是完成了近百节民歌课堂课例视频录制,完成了三十多节民歌微课视频录制,提炼出了民歌教学的"三感"统一主张、六条教学策略、"五点策略教材分析方法"等小学民歌教学经验;四是一大批成员、学员获得了专业成长,成员伍娜获"武侯区特级教师"称号,成员万里燕获"高新工匠""高新区学科带头人"称号并晋升高级教师职称,成员胡庆华获"达州市十佳'最美艺体教师'"称号并晋升为学校副校长,成员冉宏获"高新区学科带头人""高新区优秀青年教师"称号,成员李新炽获四川省首届义务教育阶段"唱家乡的歌"唱歌课微课比赛一等奖,成员郝太豪成立了"新都区郝太豪音乐名师工作室",学员邹维获"成都市优秀青年教师"称号,学员罗竟慧兰获"高新区优秀青年教师"称号,学员宋钰一获"新都区教坛新秀"称号,学员张琪获"锦江区师德先进个人"称号,学员周梦娅获得全国优质科研成果评选活动教学设计一等奖，学员陈栎获得"第十一届四川省中小学音乐课展评活动"一等奖，学员宋婷婷获得四川省首届义务教育阶段"唱家乡的歌"唱歌课微课比赛一等奖，学员陈俊桦获得达州市优质课大赛一等奖；五是扩大了工作室的社会反响，由于交流时空的开发，工作室辐射省内地区 8 个（德阳、绵阳、巴中、泸州、攀枝花、开江、万源、成都）、省外地区 3 个（新疆、杭州、内蒙古），受益人数达 3000 余人次，工作室开展的每一次现场研讨、培训活动，都有成都地区很多区县（如郫都、金堂、彭州）和高校师生（如四川音乐学院艺术教育系、成都艺术职业大学音乐学院）主动参与，每一次活动的实际参加人数都在 200 人以上，工作室各片区还组织了教研活动十多次，参与人数近 400 人次；工作室主持人寇忠泉和部分成员分别为新疆石河子（线上）、浙江音乐学院"基础教育全国音乐名师联盟"（现场）、内蒙古（线上）开展讲座，聆听人次近千人。

四、展示四川中小学民族音乐教育实力的两个重大活动

寇忠泉扎实的民歌教育素养和有效的工作室运行机制，很快促进了工作室和研究人员的成长。这些成长集中体现在 2019 年秋，工作室团队在两个著名活动的展示上，彰显了四川中小学民族音乐教育的实力。

一个活动是参加"全国第二届音乐教育大会"。

时间：2019 年 10 月 9 日。

地点：上海浦东盛装开幕。

以"创新·均衡·优质"为主题，聚焦音乐教育的创新发展、国内外音乐教育的均衡性和普及性、音乐教师的职业规划与发展、国内外优质教育教学资源的建设、音乐教育与传统文化的继承等诸多领域，由中国教育学会主办，中国教育学会音乐教育分会、《中国音乐教育》杂志社、上海音乐学院、上海市教育委员会教学研究室承办，上海音乐学院"音乐教育教学研究基地"、中国乐器协会、上海国展展览中心有限公司协办的"全国第二届音乐教育大会"于 9 日举行。知名专家学者、音乐教师、院校研究生、音乐教育科研工作者、音乐教育从业代表等 1500 余人参会，中国教育学会副会长尹后庆、秘书长杨银付、副秘书长张东

燕，中国音乐家协会副秘书长王建国，中国教育学会音乐教育分会理事长尹爱青、副理事长兼秘书长莫蕴慧，以及众多国际国内音乐教育专家出席。

10 月 11 日上午，是寇忠泉工作室团队的微课展示。工作室成员陈珉杰、汪子扬、唐亚竹为大会展示了三节微课。

陈珉杰展示的是彝族民歌教学课例《种杉树》。陈珉杰穿着漂亮的彝族服装，借助方言彝语、彝族乐器口弦、彝族达体舞舞步等让与会人员走进彝族音乐，了解彝族风俗人情，通过"声景情"三位一体的教学模式让大家感知和体验彝族民歌，让大家在喜爱和传承的同时增强文化自信和自豪感。

汪子扬展示的是热巴鼓教学微课，汪老师运用藏族特有的热巴鼓贯穿整堂微课，从热巴鼓的传统表演，到用热巴鼓表演藏族流行歌曲《天籁之爱》，体现了对藏族热巴鼓的传承与创新。教师通过层层浸润音乐和与音乐相关的民族文化，让学生愿意主动探索藏族音乐特点，了解藏族音乐基本风格。热情动感的热巴鼓、自然天籁的藏歌，感染了现场每一位观众。大家一起载歌载舞，营造了热闹欢腾的藏族歌舞场面。

唐亚竹执教的是《咂酒歌》。这是一首汶川羌族民歌，羌族歌舞文化离现在学生的生活较远。唐老师以羌族迎客的酒歌文化为切入点，以视频观摩方式引领学生走近新北川，通过学说一句羌语、学跳 2 个羌舞动作、学用羌族羊皮鼓伴奏，以及借助羌族圆圈舞的形式，使大家逐步融入羌族语言文化和音乐舞蹈文化的氛围之中，感受羌族热情好客的酒歌文化。

课后，寇忠泉以名师工作室领衔人身份在大会上作了《传承优秀传统文化之四川民歌微课工作坊》的展示报告，赢得了与会代表的一致赞誉。

第二个活动是"'千课万人'小学音乐'弘扬传统·对话现代'课堂教学研习峰会"。

时间：2019 年 11 月 12 日。

地点：浙江杭州。

在来自全国各地的音乐专家、音乐教学名师、音乐教育科研工作者 1000 余人的会场，寇忠泉名师工作室受"千课万人"之邀，为大会展示了 4 堂民歌课例。工作室成员万里燕执教的四川泸州民歌《一窝冬寒菜》、陈珉洁执教的《种杉树》、罗竟慧兰执教的《放牛山歌》、欧冬梅执教的《我的家在日喀则》赢得会场上一阵阵掌声。江西省教育厅教研室音乐教研员杨文立对 4 堂展示课做出了较高的评价。

课后寇忠泉做了题为《小学民歌教学的民族文化策略》的专题讲座，将工作室在民歌教学中探索总结的教育理念、探究思路、六个教学策略向在场的各位专家，教育同行做了分享交流。

在这个交流分享中，寇忠泉发表了自己民歌教学的核心主张：乐感、美感、文化感"三感合一"。

五、《小学民歌教学方法》的创新意义

2017年，中共中央办公厅、国务院办公厅颁布了《关于实施中华优秀传统文化传承发展工程的意见》。寇忠泉立即从音乐学科教育这个角度做出回应，他不仅深度研读《意见》精神，更迅速从音乐教学视野，以民族音乐的传承，来积极探索对儿童培养民族情怀、世界眼光的价值意义。为此，寇忠泉写道：

"一个民族只有它的历史和文明活着，这个民族才活着。"今天，从事小学音乐教育的教师，要培养具有民族情怀、世界眼光的中国人，要培养德、智、体、美、劳全面发展的社会主义建设者和接班人，就绕不开民族文化传承这一主题，就离不开民族音乐文化传承这一学习内容。民歌作为民族音乐文化最重要的符号之一，蕴藏着我们民族生生不息的文明、思想，它是一个民族的生命和血脉的象征。

这，成了后来寇忠泉带领工作室成员研究民歌教育和写作《小学民歌教学法》一书的思想基础。

成立省级名师工作室后，2019年年初，寇忠泉立项了市级课题《基于文化传承的小学民歌教学方法研究——以四川地区民歌为例》。

寇忠泉认为，目前的音乐课堂教学中的民歌教学，忽视特定的地域文化特征的学习，忽视民歌特殊的音乐性特征的学习。因此，研究民歌教学策略与方法，通过有效的民歌教学，让学生学习、体验民歌所传达的中华优秀传统文化，培养

学生良好的审美情趣和人文素养，能够帮助学生寻找自己的文化灵魂、文化根本，强化自己的文化身份认同。

寇忠泉由此提出了课题研究的三大创新意义：学习民歌，有助于培育文化自信；学习民歌，有助于强化母语文化身份认同；研究民歌教学，有助于改进民歌教学方法。

因此，寇忠泉以"四川省寇忠泉小学音乐名师工作室"成员、学员和"成都高新区寇忠泉音乐名师工作室"学员为课题研究主体，以主题式课例研究为手段，开展基于文化传承的四川民歌课堂教学研究。以整合高校民族音乐教育专家与小学音乐教师研究资源，以凸显课题研究的理论性与实践性，通过系列、主题课例研究，总结小学民歌教学中民歌教学的基本策略与方法，把民歌的学习置于民族文化的学习、传承中，着眼于通过民歌的学习，培育学生对本民族的民族文化自信，以此为研究方式和实践方法。

以四川地区的汉族、彝族、藏族、土家族及羌族为例，开展民歌教学案例研究。各民族音乐资源丰富多彩，工作室首先面临的问题是对收集、整理的音乐素材内容进行筛选、使用。民歌素材内容的最大的特点就是跟各地方、各民族的方言、舞蹈、民俗风情、儿童生活等息息相关。通过仔细斟酌，选择适合小学各学段学生使用的音乐素材。

之所以以四川民歌为例，按照寇忠泉的说法是，基于现实中小学音乐教师们对民歌的研究缺乏深入，民族民间音乐的素养不深厚，限定在四川民歌这一空间区域内，有利于研究主体更好地在研究过程中学习、提升民族音乐素养，以提高课题研究质量，并通过这一教学实践研究行为，为更大范围的、基于民族文化传承的中小学民歌实践研究提供一个可资借鉴的范本。

这些研究，直接促成了寇忠泉两本音乐专著的出版——《美的绽放》和《中小学民歌教学方法》。

这两本专著出版后得到了中国教育学音乐分会理事长尹爱青教授、原国家义务教育课标组组长吴斌教授的高度评价。

《中小学民歌教学方法》体现了寇忠泉民族音乐教育的体系建设。集中凝练了民歌教学的"三感"统一主张、六条教学策略、"五点策略教材分析方法"等小学民歌教学体系，体现了其民歌教学和民歌教育的高超艺术水平。

其中的"'三感'统一主张"是指音乐感知能力、审美感知能力、文化感知能力的统一。寇忠泉认为，在小学民歌教学中，要坚持以乐感为基础，以美感为核心，以文化感为目标，开展民歌教学。这一主张，彰显了中小学民歌教学活动中传承中华优秀传统文化的教育哲学观，体现了对学科本体的尊重、对课程标准的专业解读，更体现了时代赋予基础教育音乐工作者的使命与责任担当。

在小学民歌教学中，文化感指对存在于民歌中的特定的民族文化要素的感知与体验能力。

文化，是为人们所认同并践行的价值观。文化感，即对人类在社会历史发展过程中所创造的精神财富的感知。民歌是千百年来劳动人民在生产与生活中为表达自己的生活感受、追求，表达自己喜、怒、哀、乐等情感而形成的一种艺术形态。它蕴藏着一个民族内在的精神世界与价值追求，是民族文化的符号。因此，小学音乐民歌教学中，要通过对民歌的学习，让学生充分地感知民歌内在的精神与文化要素，并在学习的过程中认同、接纳、传承优秀的民族文化，这是小学民歌教学的价值所在。我们要充分认识作为民歌的文化和作为文化中的民歌的文化传承价值，践行并实现它。

民歌中的文化与文化中的民歌，正是人类学与音乐学的结合，使得民歌与文化结合在一起。因此，开展小学民歌教学，既是让学生在民歌中学习民族音乐文化，又是让学生在民族文化的语境中学习民歌。最终，达成传承民族优秀传统文化，培育有民族灵魂、世界眼光的中国人的目的。

在小学民歌教学中，完成乐感目标，仅仅是知识与技能目标上达成了课程教学要求；完成审美目标，也只是在学生的审美情感上达成课程目标要求。更重要的是文化中的民歌，还要引导我们的学生在民歌学习中了解我们民族的发展历史、劳动人民生活方式的变化，在社会历史进程中感受劳动人民思想、精神、情感的丰富多彩。这是由民歌本身的价值决定的。因此，我们要重视小学民歌教学中的民族文化的传承功能。

将民歌教育方法的探究与中华民族传统文化的传承视角相连接，不是对时代政治思想和文化的简单响应，而是一种全新的探究视点，使得传承民族文化有根有据，有关键载体。这，是寇忠泉的创举。

在民歌教学方法研究上，寇忠泉也有独到的研究成果，他提出了中小学民歌

"声—景—情"教学模式、中小学"童谣三趣教学法"、中小学"民歌三段式教学法"等。在学法上，则提炼了听、说、唱、创四种基本学习方法。

其艺术教育的深厚底蕴和民族音乐教育推广人的身份，使得寇忠泉具备深入建设高质量学校美育课程体系的学术基础和精神内核。

第四章　文化构筑的美育风尚

一、精神文化体系的美育取向

2014年3月，寇忠泉受命领办位于成都市高新区西区的电子科技大学实验中学附属小学。

寇忠泉第一次到学校，是自己驾车导航去的，来到学校，那里还是一片建筑工地。

四周还是农田，主体建筑的建筑钢架还没有撤出，戴着安全帽的工人穿梭往来，切割机、电焊机的声音特别刺耳，教学大楼的门窗刚刚安装，操场还没硬化，刚刚下过雨，一片水洼。

目之所及，让寇忠泉不得不担心："9月就要招生，来得及吗？"

尽管心里充满疑惑，但寇忠泉知道，开学不能等待，自己唯一的行动就是开始展开筹建的一切工作。

与各方建立沟通，听取教育处的学校描述，直接回答不断前来询问的家长……寇忠泉心中并没有被"兵来将挡"的忙碌现实遮蔽，他知道，自己必须为学校做出一个顶层设计，其中包括学校文化建设大纲。

探访社区文化、接待来访家长、了解片区生源、思谋校情学情……请教各方专家，寇忠泉始终在内心深处由质疑到重构，再由重构到质疑，不断经历否定之否定后，一个基于学校教育高质量发展的学校文化方案在他夜以继日的思考中逐渐成熟。

这期间寇忠泉在阅读了大量相关书籍后，尤其对龙应台的《什么是文化》有了独特的感悟，寇忠泉写过这样的感悟：

文化的核心是价值观，它体现在我们的追求中，我们希望办什么样的学校，我们期望有什么样的教师群体，我们希望把我们的学生培养成什么样的人，这个追求目标不能因困难而动摇，因挫折而气馁，因困惑而徘徊。人因为对价值的坚持，才会使生命变得更有意义，才会使我们的工作在忙碌之后有成就感，在困难面前有信心，受到打击不放弃，一时困惑不动摇。

因为人有目标，有追求，我们也才不会在一个群体之中，放任自己，懒惰自己，随波逐流而无志向，人云亦云而无思想。

秩序在一定程度上可解释为规则，一个单位、一个团体总是需要秩序来约束、规则来确定的。规则和秩序有长远的，有短时的，它们充分地体现着这个单位、这个团队的价值取向。

短期的规则，是一个团队在一定时期为特定的需要、为团队得以正确发展而制定的，比如学校的制度、规定、要求等。它是一种基本的规范，是一种倡导、一种方向。作为团队中的一员，你是否对规则有所遵守、对秩序有所敬畏，是否愿意让自己的言行自觉地约束在规则和秩序之中，体现了你的情趣高低、做人的品位如何，考察了你在团队中的合作能力，对团队追求的理解度、认同度大小，也体现着你融入一个群体的能力大小。

长远的规则是一个社会得以发展的道德基础，是社会生活中，每个成员都必须遵守的准则。如我们传统文化所提倡的做人的社会生活准则——"礼、行、忠、信"要求，对工作的——"为人师表"，对自己的——"勿以恶小而为之，勿以善小而不为""天行健，君子以自强不息，地势坤，君子以厚德载物"，对自然的——"天人合一"思想等，对于每一位教师来说，不都是我们应当践行的吗？

一个有文化的人，就是能尊重自己、尊重他人、尊重自然的人，就是能把自己的言行主动地放之于团队之中、自觉遵守团队秩序与规范的人，是一个做人大气、胸怀宽广的人！

文化，是人的文化；学校文化，是教育主体的文化。在寇忠泉后来撰写的《为纯美的童年而教育——电子科技大学实验中学附属小学学校美育文化大纲》中，开篇提出了自己的如下设计思路：

　　这是一个以儿童为根本，以美育为期望的设计。这个设计，意图以人文精神为主旨，明确学校教育是为了儿童发展的功能价值，期望在教育中充分唤醒人的自我意识，为儿童浸润浪漫、有品位的精神生活，让自由、平等的民主精神，让充满审美价值的科学创新精神弥漫校园，让人道主义的终极关怀充盈师生心灵。其认识的出发点是：人文为立人之本，教育追求人文与科学精神的融合，尊重儿童天性，不失教化功能，引导儿童成为"健康开朗、灵动多彩"，保持儿童天性与活力的个体。

　　教育理想：为纯美的童年而教育！

　　这里的"纯美"是纯真、美好之意。"为纯美的童年而教育"的教育理想，其基本内涵是：我们是"性善论"的拥护者，我们坚信儿童精神世界的纯美，我们秉持"欣赏儿童，发展儿童"的教育信念，我们是儿童纯美精神世界的坚定守望者！

　　为纯美的童年而教育，我们的基本教育态度是：认识儿童，尊重儿童，教育儿童，发展儿童。我们的教育期望是：童心灿烂，童趣盎然，童真纯洁，达致"童心触动世界"，童年快乐成长的境界！

　　由此，寇忠泉提出了自己的教育核心理念：儿童第一。

　　在寇忠泉看来，儿童是教育的原点，教育的全部使命即是完成对儿童生命成长的陪护。在这个陪护过程中，学校教育以教育的国家意志为生命成长的资源，来影响儿童生命成长的品质，让儿童成为国家倡导的"人"和"才"。

　　寇忠泉因此特别强调，儿童有独立的、不同于成人的生活，童年有独立的存在价值，儿童要完成他所处年龄阶段的发展任务。教育试图让儿童停留于某一阶段或试图让其跨越某一阶段都是错误的。因此，教育要以三个层次展开：一是必须充分理解生命的完整性，明确"欣赏儿童，发展儿童"是教育的出发点和归宿；二是充分尊重儿童文化、尊重儿童天性、尊重儿童的兴趣，科学施教，合理引导，培养"健康乐学，灵动多彩"的儿童；三是既要尊重儿童天性，又不失教化功能，引导儿童成为"健康乐学，灵动多彩"的人。

　　由此，寇忠泉畅想，自己即将领办的学校是：儿童是我们的教育对象，教育要引导儿童成为有尊严的人，教育要让儿童过一种美好的童年生活。

针对基于"儿童第一"的教育理想、构思学校的文化理念系统，寇忠泉提出学校文化价值观：以美育美。

在寇忠泉看来，承认儿童第一，就必须正视儿童的童年存在事实。而童年着什么样的色，会影响儿童一生。因此，美好的童年必须以美的教育来实现，这是以美育美的基本内涵。

规范文化体系，凝练一训三风，基于"儿童第一、以美育美"的教育理想，寇忠泉提出了小学阶段儿童发展美育内涵目标体系：

基本目标——多彩童年，纯美绽放。

具体分学段目标：

低段培养三种品格——（1）欣赏，懂得欣赏大自然和人类的美与奇迹；（2）好奇，充满好奇心，渴望了解更多，发挥想象创造新点子；（3）同情，设身处地理解他人，谅解自己或他人的过错，做心胸开阔的人。

中段培养三种品格——（1）热诚，热爱和享受学习，在学习过程中竭尽全力；（2）承诺，有较强的自律性和责任感；（3）自信，相信自己有能力做到。

高段培养三种品格——（1）诚实，对人诚实、公正；（2）独立，自主地思考和做事；（3）合作，乐意与他人一起协同努力。

与"儿童第一、以美育美"的教育理想相匹配，教师发展目标则是：

基本目标——仁爱高雅、博学大气。

具体目标——提升教师的九种基本素质。

职业情意三种基本素养——（1）身心健康，完美的人格态度；（2）热爱教育，正确的价值取向；（3）育人为本，良好的职业情操。

职业技能三种基本素养——（1）精通业务，娴熟的教学艺术；（2）一专多能，多元的知识结构；（3）学以致用，较强的工作能力。

职业境界三种基本素养——（1）广博精深，深厚的文化底蕴；（2）与时俱进，现代的教育观念；（3）积极进取，执着的创新精神。

据此，通过描述学校美好愿景，形成学校发展目标，将学校发展的总体目标描述为"创建儿童终生回味的学校",为实现这样的学校理想,电子科大实验附小以学校发展五大核心任务作为学校文化的内涵骨架,即实现学校发展的五大核心任务——(1)管理:高效率的学校管理团队建设;(2)教师:高标准的专业化教师团队建设;(3)课程:高品质的特色化校本课程建设;(4)家校:高度融合的家校共育机制建设;(5)环境:情趣相融的校园文化环境建设。

作为新办学校,这一系列学校精神文化的构建,无疑规划了电子科技大学实验中学附属小学的学校办学发展方向和精神规约,也清晰了寇忠泉对学校办学特色的美育倾向。其中,以美育作为学校教育的底色十分明显,换句话说,电子科技大学实验中学附属小学从基因文化建设开始,即以探索学校美育实践体系作为办学的实践性行动,以美育倾向性文化的力量来集纳学校一切资源,启动美育实践体系发展之旅、探究之旅。

二、校园环境文化的美育外显

基于学校美育价值取向,构建有美育文化的环境,寇忠泉将校园环境文化建设设计理念解读为:促进童年向"美"伸展——让学生在完成国家基础性课程学习的基础上,在美丽的校园中尽享美育的阳光,成为全面发展的纯美少年……基于这样的环境文化设计理念,寇忠泉希望通过形象化的学校物质文化呈现达到:让校园里的每一朵花、每一棵树、每一个形象、每一种形式、每一个活动都充满儿童性、审美性、教育性,让每一样东西背后都藏着一个故事、充满大胆而智慧的想象。让教师在纯美的"儿童第一"文化中,"欣赏儿童、发展儿童";让儿童在纯美的环境里,童心灿烂,童趣盎然,童真纯洁,达致"童心触动世界",童年快乐成长的境界!

在进行《学校美育大纲》的撰写时,寇忠泉因地制宜、比较详细地规划了学校环境文化布局,设计了五大主题:童心触动世界;童星大道;儿童宣言;儿童美育文化大观园;楼道主题文化墙。

寇忠泉说,为落实学校"儿童第一"的教育思想,凸显纯美教育特色,学校文化建设的基本思路是:目标在"儿童",策略在"审美",方式在"浸润",

特色在"校本课程",追求在"成长"。

从蓝图到物化,从局部到体系,从欣赏到文化,电子科大实验附小环境文化在坚定美育特色、不断响应国家教育意志过程中,既有坚持,又有动态变化。那么,历时六年之后,寇忠泉当时的校园环境文化理想迄今建设得怎样了呢?

今天,当人们走近电子科大实验中学附小,远远看去,当年的油菜花田已经成了如今风光秀丽的清水河公园,公园临近校门的部分有各种儿童色彩浓郁的雕塑、景观和休息长椅,营造了与学校文化特色相融合的校园外部环境。寇忠泉说,这是学校与社区共建的成果。

校园整体依河而建,一体两翼各四栋,巧妙解决了光照和通风问题,学生的活动空间比较充足,充分关注了学校教育对资源的整合。

现代、大气的校门前,我们可以看到,向上生长的绿色枝丫上,彩色的五线谱搭配活泼的音符,仿佛正在演奏着一曲纯美快乐的歌谣。学校的校徽,整体以绿色为主色调,象征着自然、生命以及希望,作为学校文化主色调,绿色的淡雅契合了小学生生机勃勃的气质。校徽的主体是一个由字母"K"衍变而来的儿童——"K"为"科"字的拼音第一个字母,以此彰显学校与电子科大的关系,同时彰显教育的时代特征。"K"衍变而来的儿童张开双臂,向上飞翔,昭示着儿童积极向上的形象;同时,在形象中植入5线,既隐喻音乐的"五线谱",彰显学校美育特征,又隐喻运动的跑道,将艺术与体育融入其间,寓意儿童灵动、健康成长,彰显学校的美育特色。

向上的枝丫、多彩的五线谱以及灵动的校徽,是学校"为纯美的童年而教育"办学理念的形象表达。从儿童的视角来看,这样的设计也是在向孩子们传递自由、快乐、向上的精神力量,为孩子们营造纯美的童年沃土。

步入校园,进入入口广场。这是一个以"童心触动世界"为主题的文化景观。

迎面映入眼帘的是一幅"童心触动世界"的水景画卷。说是画卷,其实是一组静态雕塑与动态喷泉相协调的主题景观。

主体是一个环形大水池。水,是清澈透明的"纯洁",是海纳百川的"包容",也是滴水穿石的"坚持",有水则灵动,有水则静怡。背面是具有现代美感的水帘设计——长方形的设计,加上密植的绿色线条,给人一种竖琴的质感,让观者顿生声音的韵律,当喷泉而起,动态的喷水,让竖琴生音,于是动静结合、灵动且美。水景池中，一座"童心触动世界"雕塑作为水景中央的焦点：以水为背景，宛如从中"生长"出来的，绿色根茎代表生命，蓝色球体代表宇宙，这个"宇宙"的是两个展开双臂的孩子合围而成的，寓意孩子们在学校文化的润泽下，用童心触动世界。在这里，童年的美是与天地、世界真实互动的、相互悦纳的、不断生成的，而不是脱离孩童现实生活的虚空的口号或标签，鲜明地彰显出学校"儿童第一"的教育思想。

所谓"儿童第一"，就是学校一切教育都要尊重儿童、发现儿童、引领儿童。入口广场作为进入校园的第一站，是孩子们成长的起点。此处水景的巧妙设计，意在用水的灵动润泽童心，用美的形象触动童心，让孩子们心中那颗关于美的种子就此生根发芽！

儿童的成长应该像花朵一样快乐、蓬勃、生动、自由、多彩。学校教学楼公共空间的设计完美地诠释了这一点。

充分运用楼道文化，让楼道成为儿童日常生活目之所及的文化场域，这是寇忠泉最初的设计理想。为此，电子科大实验附小的四层楼道以楼层为主题空间，分别以"理念美育""艺术育美""文学育美""科学育美"为主题，实现了"一楼一主题、一楼一景观"。

走进教学楼，富有童趣的文化大厅让人不禁眼前一亮。

文化大厅洁白的天花板上镶嵌着一张张孩子们的多彩照片，寇忠泉说，这些照片，大多来自孩子们在校园生活的随机拍摄，目的就是记录孩子们的校园生活和快乐成长；文化大厅的主体景观则是以蓝天、白云、热气球为背景的趣味舞台，给予孩子们自由展现自我的平台，让孩子们能够乘坐承载自己梦想的热气球，走进纯美的童年……文化大厅的"办学理念主题墙"上，系统地阐释了"儿童第一"的核心理念，尊重生命、呵护童真，"俯首甘为孺子牛"的教育情怀洋溢而出，虽无声而浸心；《童心宣言》则向全校师生、家长及所有来访者敞开一颗颗纯真而美好的心灵，用心阅读之际，仿佛看见一个个孩子，满眼期待地站在你面前，期待着"能在孩童的世界之心里，占一角清净之地"（泰戈尔）。

再往里走，宽敞明亮的长廊两侧，展现的是学校具有美学取向的"纯美课程"以及"纯美课堂"相关内容，童真融春、童趣约夏、童语韵秋、童心暖冬，以时间为轴、四季为题的主题文化墙上，孩子们笑容灿烂、童趣盎然。

在学校教育中，课程是育人的载体，课堂是育人的主阵地，纯美课程的意义就在于让儿童在不断的美感经验积累过程中发现美、欣赏美、创造美和传播美，进而引导孩子们主动融入生活、自然、社会，收获成长。

美育理念与课程之美共同组成了一楼的文化内涵。

经由楼梯上至二楼，艺术气息扑面而来。

将黑白琴键、多彩乐符以及各类乐器元素相融合，行走其间，仿佛置身于世界音乐之林，对于音乐、对于艺术的欣赏与感悟油然而生。而极具学校纯美教育特色的"百美墙"则充分展现了书法艺术之美以及中国传统文化的魅力，传达着学校"以美育美"的育人思路。同时，在学校的育人视野中"每一名孩子都有其独一无二的美"，彰显出学校"和而不同、美美与共"的育人追求。

艺术之美成为二楼文化长廊的核心主题。

上到教学楼的三楼，宛如步入文学之旅。

"大作家"和"小诗人"，醒目的主题栏目并列，充分展现了学校"欣赏儿童、发展儿童"的教育理念。以中外著名儿童文学家简介和名著片段为呈现内容的"大作家"文化墙，用文学艺术浸润孩子们的心灵；以学校学生的诗歌作品为呈现内容的"小诗人"文化墙，用充满童真的诗句展现着孩子们纯真的心灵世界。"我边看油菜花边写诗，窗户外的一边是油菜花，窗户的另一边也是油菜花，像两张同样的照片""我踢着足球，足球像一个太阳，我把太阳踢进球门，妈妈看着天空，只有三朵云，她问，足球哪里去了？""我坐在草地上，像在坐沙发。我看着天上的白云，像看一排排靠枕"……在这里，诗意与童年，生活与学习，竟如此熨帖，如此纯美！

在教学楼的三楼还藏着一间孩子们的秘密基地——邱易东儿童文化教育工作坊。这是一个以"儿童文化教育"为内容，以提升"儿童审美情趣"为宗旨，落实学校"儿童第一"教育思想和"以美育美"办学特色，激励儿童向真、向善、向美的美育实践基地。说是工作坊实则就是一个孩子们自由畅想的乐园，这里陈列着众多的儿童文学作品供孩子们自由翻阅；蒲团、桌椅，多元化的阅读体验，让孩子们爱上阅读；消防栓、无人的小角落里，还藏着儿童诗呢。

毫无疑问，文学育美，是三楼文化的主题。

再上一层楼，宛如步入了科技的严谨和科技的深邃，科技之美以一种感召的力量，灌满整个文化长廊。

你知道影响世界的十大发明吗？你知道关于科学的十个世界之最吗？你知

道新中国科技史上的那些"第一"吗？你知道将使世界变得更好的发明清单吗？……四楼的长廊上，从过去到未来、从科学家到科技发明、从世界到中国、从高新区再到学校、从科技知识再到动手实践，多元化的体验，让孩子们徜徉于科技的海洋中，激扬起孩子们爱祖国、爱家乡、爱学校的美好情感，慧思创，美未来，让充满审美价值的科学创新精神弥漫校园。

走完教学大楼，漫步校园，随处可见树木丰茂、绿草成茵，因地制宜、有序排列，不时有花朵点缀，银杏、皂角、樱花……二十余种树木在校园里相映成趣、相得益彰，自然的丰富资源，生机盎然地呈现出来，让沉浸于美育氛围里的孩子们乐于亲近、丰富想象、展开欣赏，教育与资源的融合由此得以体现。寇忠泉将之命名为"生态育美"。

回到教学楼，与一楼走廊贯通之处，是主题为"美育素养苑"的主题文化景观。

景观以"美"字为主题雕塑，伫立于外墙走廊之首，一字排开的还有"善""慧""健""勤"。雕塑整体采用现代装饰艺术风格，时尚简约、虚实结合、灵动雅致，分别彰显出学校教育的五要素，共同构建"五育并举"的文化景观，展现出学校的育人思路：美育既融合在德、智、体、劳诸育之中，又具有独立性、以美启真、以美储善、以美激劳、以美修身。

再度进入教学楼，在教学楼文化大厅右侧的庭院中，有一个富有儿童趣味和艺术感的"炫彩空间"。

"炫彩空间"的一侧是一条非遗文化长廊。长廊以"山水"为核心元素，通过流畅的山水线条辅以"白云""树木"等元素，错落有致地呈现"高山流水"的艺术之美。半封闭式的设计，使空间整体与周围绿植形成一个整体，是山水与自然的相互交融。在色彩上，以非遗蓝和科小绿为主色调，亦是对蓝天、青山、绿水的形象表达。空间共分为三个部分，分别为蜀风遗韵（四川音乐艺术类非遗展示区）、匠心传承（学生手工坊）以及悦美童心（学生非遗作品展示区），从学习、体验、创作三个层面引导儿童传承非遗文化。

"炫彩空间"的另一侧便是学校的七彩梦美育馆了。

"一束光·七彩梦"的主题命名，源自赤、橙、黄、绿、青、蓝、紫七种颜色对应表达"热爱""健康""华丽""自然""文雅""梦想""魅力"七种纯美特质，那"一束光"就是"童年生长的力量"。场馆内设有手工作品展示区、绘画区、书法区、荣誉区、管乐区以及创新区，是学校儿童欣赏美、感受美、创造美的重要场馆。馆里的"童心小舞台"，随时上演着孩子们缤纷的童年：创意演讲、故事会、社团创编节目展演、科创作品展示与介绍……自然而真实。这个舞台的意义，不在于"竞赛"，而在于"生发"，不在于"一枝独秀"，而在于"姹紫嫣红"，践行着"以美育美"的办学思路。

非遗长廊是中华民族传承五千年的艺术瑰宝，代表着传统的艺术之美；七彩梦美育馆是当代少年儿童的创新作品，代表着现代的艺术之美。二者相连，形成了一条艺术的文脉，是一条流淌着的艺美长河。

为此，学校在二者中间，设计了一座回纹造型的"艺·脉"创意雕塑。雕塑采用"回纹"造型，寓意文化的传承延绵不绝。同时两个"回纹"相互交错，形似一条游动着的"鱼儿"，象征着儿童可以在艺术的海洋里自由自在地遨游，彰显了学校的教育理念。中间不封闭的设计，代表着创新和发展。绚丽的渐变色彩，寓意儿童多彩的内心世界，代表着儿童的奇思妙想。白色的立体字"艺·脉"，直抒胸臆，点出主题，与整体设计相辅相成，相映成趣。

取义"春耕、夏耘、秋收、冬藏"的时令特征，激发儿童在创美的四季里，感受草长莺飞的春天，播种希望；在骄阳似火的夏天，呵护新芽；在橙红橘绿的秋天，收获硕果；在白雪皑皑的冬天，蕴美未来。以"晴耕种、雨读书"的中国传统农耕文化为隐藏，促进儿童感受农耕文化的生活美学，结合空间实际功能和教育意义，有利于帮助和促进孩子们在劳动中收获美的体验，电子科大实验附小因地制宜开设了"晴雨园"主题劳动实践农场。"晴雨园"分为两大板块：第一板块——"晴耕创美，种植体验区"，创建孩子们种植实践的劳动体验空间；第二板块——"雨读蕴美，农具展示区"，呈现各类传统农具，展现古人的劳动智慧。

儿童原本是一颗美的种子，学校、家庭和社区正是要让美的种子在美的滋养下萌芽、生长。在"为纯美的童年而教育"的教育理想旗帜下，电子科大实验附小的整体环境文化建设就是这颗美的种子成长的过程展现，从开始的生根、发芽到经历"五育"阳光雨露的润养、多彩生长，长出含苞待放的美好姿态，再到最后纯美绽放。

观赏学校环境文化，如同进入美育大观园，其文化浸润的功效明显，让人不禁产生这样的感慨：这是一座"儿童唱主角"的小学校园，每个童年，璀璨闪亮；这是一方"纯美童年"持续演绎的教育舞台，动静相宜，处处向阳。

在这里，以美育美与五育并举，相互促成，相得益彰；

在这里，童年之美与教育之美，在融合、在生发、在绽放……

三、美育文化的共识凝成

学校文化大纲的完成，标志着学校对办学特色做出了个性化选择。

这种选择，既是一种对教育的国家意志的创新解读，也是一种学校发展路径的整体指向，关联着学校一切关乎人的因素的资源配置和行为准则。

寇忠泉知道，要让学校文化落地，最终必须让师生、家长认同。学生认同学校的育人方式可以通过上学后慢慢浸润，但教师、家长的文化认同则不可以有半点暂缓。

怎样让教师、家长认同学校文化呢？

早在招生摸底时，寇忠泉就接触了不少家长，除了回答家长们对招生情况的咨询外，寇忠泉总会问一问家长：你希望自己的子女读怎样的学校？

家长们的回答不尽相同，但都有一个基本内容：希望自己的孩子能够就读到有品质的学校。

寇忠泉会心地笑笑，然后就跟家长交流学校办学特色，尤其是美育对学生发展的作用。就这样，一部分家长有了对学校文化的初步认同。

2014年9月，学校首期招收的两个班正式行课。

寇忠泉在会上除讲解家校合育常规外，还集中时间专门宣讲了自己的办学理想和学校文化内容。在这个让家长备受感染的演讲中，寇忠泉提出了"捍卫儿童的社会地位""解放儿童的发展形态""尊重儿童的基本人格""发现儿童的独特思维""欣赏儿童的个性表达""呵护儿童的纯真心灵""丰富儿童的发展时空""激扬儿童的美习善行""保护儿童健康成长"。这个后来被寇忠泉凝练出来称为"儿童教育的九条主张"，给家长以震撼的力量，并由此奠定了家长对学校办学文化的高度认同。

在演讲中，寇忠泉还提出了家校合育"让孩子们的生命发展有品质""孩子们生活中去发现美，就会远离甚至抵消不美""让孩子们个性张扬，就是尊重和欣赏"等观念。

会后，家长们三三两两交流议论，或向班主任、科任老师表达自己会上的感想，寻求更多对学校美育的认识；或直接围着寇忠泉，询问学校的办学愿景。

寇忠泉与老师们都借机给家长们解释学校美育的内涵。

学生在学校就读后的表现，让家长们在孩子身上看到了健康发展，因而更加认同学校美育文化。

在家长对学校文化认同有了一定基础之后，寇忠泉开始对学校教职工的文化认同进行扎实的推进工作。

开学后的第一次全校教职工例会，寇忠泉给每一个人发了一份学校文化建设大纲，然后抛出了三个问题：我们在想什么，我们在做什么，我们希望做什么。并将这三个问题作为全体教职员工第一个月的思考主题。

一个月后的例会上，寇忠泉以学校文化建设大纲作为交流的文本，在与大家共同解读过程中，回溯"三个问题"。一时间，教师们纷纷把自己的思考摆出来，有的还写成了文章，会议成了聚焦学校文化建设的"民主生活会"。

寇忠泉知道，这只是教师对学校文化认同的开始，必须让教师们真正认识到美育的内涵，才能真正将学校美育文化落到实处。

接下来的一次教研会，由于新办学校没有课例研究，寇忠泉将教研主题定为"四颗糖的故事蕴藏的教育文化"。

寇忠泉先出示了《四颗糖的故事》文本：

陶行知先生在任育才学校校长时，一天，他在校园里看到一名男生正想用砖头砸另一名同学。陶行知及时制止的同时令这个学生去自己的办公室。

在外了解情况后他回到办公室，发现那名男生正在等他，便掏出第一颗糖递给他："这是奖励你的，因为你很准时，比我先到了。"接着又掏出第二颗糖："这也是奖励你的，我不让你打人，你立刻就住手了，说明你很尊重我。"该男生将信将疑地接过糖。

陶行知又掏出第三颗糖说："据了解，你打同学是因为他欺负女生，说明你有正义感。"

这时那名男生已经泣不成声了："校长，我错了。不管怎么说，我用砖头打人是不对的。"

陶校长这时掏出第四颗糖说："你已经认错，我们的谈话也结束了。"

然后启发大家，陶行知的教育方式是什么？假如陶行知采用训斥、苛责的方式会是怎样的结果？

由于教师团队中年轻教师居多，许多人还没有听说过这个故事，大家纷纷表达自己的观点，诸如尊重赢来了教育的有效，诸如点化能够获得教育的最好效果等。

当一名教师说出"微笑比严酷更有力量，赏识比批评更具激励"的时候，寇忠泉笑了，他说，"这就是美育"。陶行知先生正是以欣赏的态度面对犯了错的男生，欣赏男生"准时""住手""正义感"，由此激发了学生对心灵美好向往的情感，因而最终让孩子以"泣不成声"来表达自己对错误的认识。到此，美育的效果超越了任何说教——以美的方式教育、激发学生心灵之美，获得认识美、践行美的行为。寇忠泉说："这就是以美育美的典范。这也是我们倡导学校美育文化的缘由。"

寇忠泉最后还给教职员工抛出了另一个问题："不论你教任何学科，假如你的课很美，学生一定会喜欢，但是学科美育有哪些表现呢？"

寇忠泉当然知道，这个问题的答案，正是他和所有教师需要在未来努力实践探索的。

四、美育文化的氛围提挈

在相继完善学校文化大纲，凝练出具有美育取向的学校文化体系基础，进行基于儿童价值取向和美育特色取向的环境文化建设之后，学校不断以美育营造学校师生认识美、追求美、创造美的氛围。

楼道文化不仅呈现了学校文化的核心主题，描述着师生在学校生活的精气神，还通过各种具有儿童情趣的雕塑和文字，有力地促进孩子们感知自我、欣赏他人、热爱生活、触摸世界的内在情感，而分别出的生活之美、艺术之美、文学之美、科学之美的四层文化主题，让孩子们在课间的学习之余、游戏的不经意间、眼睛的瞬间摄入、交流的碎片互动、形象的点滴聚焦中……美的要素、美的内涵、美的精神，就这样一点一滴浸润在孩子的心田。为充分激发孩子们在日常生活中受到美的熏陶，各班级在班主任的组织策划下，通过全员参与班级文化建设，让孩子们在建设自己日常生活之美的过程中，通过构思形象和最后创造个性化的美，来实现班级文化对孩子进行美的浸润的目的……孩子的尚美行动凝聚成风。

教师在学校专业学习、师德演讲、阅读分享、活动策划、教学研究等各种集体集会中，感知、创造、浸润学校的美育文化。在日常教育教学行为中，自觉呈现美的形态——在备课时阅读解析文本之美，在课堂教学中呈现出师生关系和谐基础上的交流之美，在与家长沟通中以生动形象的美的言语、和风细雨般的交流气氛、充满方法之美的家庭教育指导，给家长以美的内在气质与外在形态……教师尚美之风不断形成。

家长则在家长会、接送孩子、家校共建等活动中感知学校美育文化，并从孩子的日常表现、家教方法优化等过程中，感知学校美育文化的魅力和践行学校倡导的美育文化，在不断认同学校美育文化的过程中创造家庭美育。

美育氛围的全面形成，直接表现在师生、家长对学校的热爱，表现在学校社会声誉的不断攀高。

据工作在成都市高新区某街道办的一名家长介绍，他把孩子送到学校的时候，一直担心女儿不愿上学，因为女儿天性好玩。

最初，女儿的确天天吵着请爸爸向学校请假，觉得每天起床早，自己不适应小学生活。

可是，不到两周，他却发现，女儿不但不再要求请假，还每天回家就津津乐道学校的趣事。更重要的是，女儿每天早上，催着自己送她上学。

作为学校家委会成员，他知道，女儿一定是在学校美育的熏陶下，热爱学校、热爱学习了。

一年级期末散学典礼，他被邀请参加学校专门为一年级孩子搭建的、主题为"乐冬"的美育午后活动"童心暖冬"文化节之一的"为梦想喝彩"音乐会。活动上，女儿的表演是那么优雅、那么自然、那么娴熟，与自己印象中的小淘气简直判若两人。那一刻，他心里特别激动：孩子用美的方式，塑造了自身的美丽！

这个故事，只是电子科大实验附小美育风尚全面形成的一个缩影。

邓舒月老师有这样的感慨：

在科大实验附小这个温暖的大家庭中已经快两年了。校园生活中的美无处不在，有大自然的，有来自我们心灵深处的，更多的来自学生。面对周边的美，我们应该有一颗善于发现的眼睛，在茫茫的人世间体会美、感受美。尤其是作为一名小学教师，孩子正在接受感知的阶段，我们更应该从内心深处为他们种下一颗"美"的种子，注重美育教育，从日常的生活中体会到美的点点滴滴。以发生在我们身边的实际案例去引导孩子，教育孩子，让孩子从小就接受良好的美育教育，让孩子拥有一颗"美"的心灵，在人生的征途中处处以美为荣。其次，通过美育教育也让孩子感受到：美丽的事物不能只看外表，而内心深处的善良、勤劳、刻苦、努力、感恩……才是人生中最真实的"美"。

这些真切的感受，正是电子科大实验附小以美育文化释放的氛围美，对每一个关联中的人的美的感召。

第五章　队伍建设的固本强基

一、审美素养的校本集训

任何一所学校，都绝不是仅仅依靠校长的理想来杠杆学校的发展。

任何一所学校的发展，都必须是一群人围着一个共同的目标努力实践的过程。

在这个过程中，校长的办学理想具有导向性，决定着学校发展的方向，具有支点的作用，但也是最少数性的。

校长的理想必须通过唤起全体教师的共同理想，让教师充满相同而又极具个性化的同心性理想来实现。

如何在充满教育理想认同的前提下，将集体性理想化为实践的动力，同时补缺教师整体实施的素养，这是学校校长必须首先解决的问题。

作为一所新办学校，教师来自四面八方，不同的求学经历、不同的学科背景、不同的价值基础，都必须在整体获得学校文化认同之后，进行基于目标理想实践的教育素养的攀升。

2018年9月7日，中央美术学院原院长、第四届教育部艺术教育委员会主任靳尚谊在《光明日报》上撰文指出：

在中央美院建校百年之际，习近平总书记给我们几位老教授写了回信，充分体现了总书记和党中央对中央美术学院工作的关心和支持。习总书记在回信中对美育工作做出的指示，是我们教育工作者要重视和落实的。

这年来，我们国家经济获得高速和高度发展，社会生活发生了很大变化。我从 20 世纪 90 年代以来，长期参与教育部艺术教育委员会的工作，看到了这么多年来，美育工作在学校中的发展。我们开始工作的时候，很多基层的学校，中学、小学没有美术课，教师也没有，现在包括美术在内的艺术课程设置和教师配备都已经取得了很大的发展。美育的根本是让我们的年轻人懂得美、陶冶心灵，这也是立德树人的基本要求。

在各级各类学校教育工作中，贯彻落实习近平总书记对于美育工作的重要指示，是一个系统性的问题。其中，很重要一个方面在于做好教师队伍的工作。我们的美育工作教师，本人不仅要做好自己的专业，在做人上也应该是美的、优秀的。

......

"'美盲'绝不可能做好美育，这就像没有一点学科知识和能力的人要从事该学科的教学一样，这是再明白不过的道理！"寇忠泉坚定地认为，学校美育要全面实施，所有教师都必须要有一定的审美素养，绝不能是审美素养的盲人（寇忠泉戏称之为"美盲"）。为了打造一支有审美素养的教师，寇忠泉和学校管理团队在全面加强教师队伍师德师风教育、不断规范教师职业行为的前提下，进行了一系列教师审美素养集训工作。

早在招聘教师时，寇忠泉就特别注意教师队伍整体素养，尤其是教师们对美育的理解的看重。

寇忠泉认为，小学教育在招聘教师时，学历并不是主要考察的内容，而应该将考察的主要方面放在教师的专业背景、社会实践和个人才艺上。因为，当一个校长明白了自己的发展目标，或者校本特色，就要在专业上、社会实践经验上、个人特长上，与学校愿景相匹配。

因此，寇忠泉对每一个教师投送的简历都一一审查，其中就有很多名牌大学的大学生被寇忠泉刷掉。而像罗竟慧兰、王雪等一批具有不同艺术专业修养的人才，被寇忠泉留了下来。

让当时已经组建的学校办学团队不解的是，寇忠泉留下了王雪这个西师大汉字研究专业的大学生。寇忠泉解释说，其实，文字本身就是一种美，能够研究文字之美的，必然有美学素养。

当第一批教师队伍组建完成后，2014 年暑假，寇忠泉为每一位教师购买了

《美学十五讲》《美育十五讲》《中国传统文化十五讲》等书籍，要求每一位教师必须认真学习，并要有读书笔记。

阅读是专业成长的生产力，一直是寇忠泉最真切的体验，因此，在寇忠泉的主导下，学校的阅读活动开展得有声有色，不仅有"悦读悦美"这个具有审美特征的主题，更在每一次阅读分享时，突出美文、美声、美韵、美蕴。

2018年10月15日开展的"悦读悦美·听见你的声音"活动，就是6位教师精心准备的，分别选取《让我怎样感谢你》《给孩子的诗》全诗、《苏菲的世界》《小王子》《有梦不觉人生寒》的片段或选章，整个活动诚如办公室主任黄明霞总结的那样，不仅展示了6位教师的风采，更深深打动了每一个教师，让教师们经历了一场美的精神沐浴。

2019年春，尹萌老师在"听见你的声音·朗读者"活动中，以"春日游，游《诗经》"为主题，展开了一场基于阅读的春风送暖的经典文化声韵之美、人文之美和想象之美的旅行。

尹萌老师以"我们校园里的李子树也开花了，美丽的粉白花儿在春天里一树树地绽放，我已经等不及想要穿上漂亮的裙子去放风筝，吃春卷，春游踏青，好好恋爱了，你们呢"触发教师们的感同身受，然后以现代语言深情解读《鹿鸣》：

河水洋洋。

一群小鹿在原野上吃草，呦呦叫。

少男少女相聚城东外，载歌载舞。

你送我礼物，我也送你礼物。

引出教师们寻源文化之根，感受彼岸桃花盛开的《诗经》意境，再在吟诵《采薇》的进一步情感激荡中，来一段"从古到今，每每到了春天，人们都爱采摘野菜。前几天我的爷爷奶奶也从家乡给我寄来了野菜尝尝。春天的野味儿鲜，荠菜包子、香椿芽，我们都想要尝尝，吃过了它们，这一季，也就没有错过了"的生活体验表达，让时空穿越，让寻美之心翱翔。再联系苏东坡"蓼茸蒿笋试春盘，人间有味是清欢"……超越文本之美的又岂是分享者，参与的老师必定获得多元的美学体验，让人顿生：时光之美，尽在阅读此刻。

寇忠泉还有一个独特观点：人的美学修养不能全部靠读书这个间接经验完成，必须通过丰富的活动来不断积淀。因此，为了进一步加强教师队伍的美学修养，寇忠泉还展开了系列教师美学素养集训。

取向教师日常礼仪形象塑造，让教师由内而外地体现职业礼仪，寇忠泉邀请了司仪人员、形象塑造人员和四川大学锦城学院礼仪专业教授专门来到学校，为全体教师进行了职业礼仪培训。

职业礼仪培训前，寇忠泉特别要求教师在进行培训准备的时候，就明确培训目标：从神态、语态、体态三个方面，完善自己的形象塑造，同时配合集训达到"情感更丰富、内心更温柔、心态更阳光、生活更情趣"的审美修养。

职业礼仪培训的时候，培训形式也一改讲座式培训，全体教师在学习职业礼仪的意义和方法之后，都会一一到台上，从握手开始，到行走姿势，从称呼到坐姿，从送客到接电话，从道歉语气到演讲语调，从着装与仪态到就餐与交流……在培训师的指导下，通过虚拟情境，教师们认真习练礼仪的表现，然后与培训师互动，领会动作要领，交流表现感受，真正实现了姿态、神韵的协调。职业礼仪培训结束后，每一位教师既要有培训体会，还要在具体的工作中有所表现。

"这样的礼仪训练，不仅有利于塑造学校教师的外在形象，让学校有一批朝气蓬勃、阳光敞亮的教师，熏陶学生的日常行为，更从内心深处，促进教师热爱职业、热爱学生、热爱学校、热爱教师！"寇忠泉对培训效果相当满意。

基于美在细节、美在用心，为塑造精心育人的美育教师队伍，寇忠泉在经过管理团队集体决议、教师意见全面征询的基础上，在学校开展了教师插花艺术培训。2019年3月5日，教师通过网络查阅相关插花艺术的资料，对插花艺术有一个初步的了解之后，邀请花艺师对全校教师做了插花艺术指导，既为女教师献上一个特殊的节日，又训练了教师的审美能力。

花艺师从插花素材的摆放，到修剪、整枝、弯曲等技术，再到如何进行构思、造型、设色等艺术加工，再到花型的直立型、倾斜型、平出型、平铺型和倒挂型等类别，都做了细心的讲解和演示，然后即兴做了示范。

接着是教师学习插花，许多老师第一次插花，插花效果未必达到了最佳效果。花艺师对插花与艺术创作的关系再一次做了面对面的指导，其中就有美术老师根据自己的了解，结合中国画，进行富于诗情画意的创作。

按照寇忠泉的说法，插花艺术本身就是一种审美创作。插花艺术培训，不仅丰富了教师们的生活情趣，也训练了教师们的审美创造，体验了审美创造带来的快乐。"关键是，这是一次面对美，用心创造和体验的过程，'用心'于美，才是插花艺术培训的根本宗旨！"寇忠泉说道。

审美素养的关键是艺术修养，其中最直接的表现是艺术学科素养。

为了让每一位教师都能够提升艺术学科素养，学校在经费极其紧张的情况下，办起了各种教师艺术社团，开展艺术活动，培养教师的艺术学科素养。先后建立了教师读书社团、教师书画社团、教师民乐社团、教师儿童文学创作社团等。

其中，寇忠泉最为看重的就是教师民乐团。

2016年年底，电子科大实验附小在成立教师民乐团时明确提出成立的目的："要实现'以美育美'的办学特色，离不开教师。教师的美育涵养、艺术素质往往决定着学校美育课程品质的高低……通过民族器乐的学习，以此陶冶艺术情操，涵养人文品性。"

为建设好民乐团，电子科大实验附小要求全校教师在乐器方面以二胡、古筝、竹笛、笙、扬琴、琵琶、中阮等民族乐器为主，选择一种乐器进行学习训练。同时，学校聘请民乐专业教师，对教师进行"小班制"民乐课程教学，并且在每学期末，对教师民乐演奏水平进行测评，作为结业成绩。

这个全校性的教师音乐类专业训导，虽然让非音乐教师有可行性担忧，但更多的是让大家充满向往。龚欣老师在民乐团学习过程的体会代表了非音乐专业教师普遍的心理和训练状况：

对于没有经过音乐训练的我来说，节奏的掌握是件难事，往往慢节奏时等不及弹快了，快节奏时跟不上，让专业的单老师听起来，简直就是一种折磨，但她还是耐心地对我们说："节奏是音乐的生命，节奏就好比人讲话的语速，一个人讲一句话时的语速如果时慢时快，就会让人听起来很不舒服。所以即便是我们专业人员，每天都要进行节奏练习。对于你们业余人员来说，节奏练习就更重要了。每弹奏一首新曲，首先要把节奏弄好，再唱好谱子，如果唱不好谱，那弹出来的就不是音乐了，那就只是一个个没有生命力的音符。你们要想学会，唯一的方法就是做到三点：一是练；二是练；三还是练。"于是我们就暗暗下了决心。"练、练、练"在我们每个人的心中都留下了烙印。指导的老师的苦口婆心，加上学校领导的鼓励、支持，我们累并且快乐着。星期五下午学生放学后，就是我们乐团活动的时间，我们一坐就是一个小时的苦学、苦练，一周的工作下来明明很累，但我们也不亦乐乎。

副校长、数学特级教师杨琳玲主动申报了教师民乐社团琵琶的学习。这位数学教学骨干，除了带好学校数学教学团队外，一有时间，就到学校音乐室训练乐器和声乐……在后来学校承办"巴蜀儿童文学联盟"成立暨首届儿童文学联盟活动上，教师民乐团为成立仪式奉献了一台精彩的节目，杨琳玲的表演相当出彩，充分展示了学校教师美的风采。

而像杨琳玲副校长这样，语文学科、数学学科、体育学科，甚至科学学科教师也全部参加了民乐团，一有时间就努力提高自己的艺术学科修养的教师，比比皆是。

以社团组织进行的教师艺术集训在电子科大实验附小开展得有声有色。书画社团，在以教师自主训练为主、作品展示为辅的常态化中，结合建党节、国庆节、劳动节，集中激励教师的学习热情；手工编织，则在指导教师的示范下，绾、结、穿、缠、绕、编、抽等多种技巧经过反复训练后，一个个"中国结"汇编出教师们美丽的心愿；教师瑜伽社团，不仅让教师在工作之余修身健体，更促进教师宁心静气……在电子科大实验附小，一支合格的美育教师队伍在超越教师专业成长的基数，快速凝聚成教师育美的乐团。

二、育美经验的实践积攒

美育既需要教师有美学经验——审美素养，更需要教师有美育经验——进行美育实践和经验积累。

寇忠泉深知，要实现美育统整下的学校育人观念的强化，需要每一个教师在真实的教育实践中积淀育美点滴。

突出教师作为教育资源的美化，强化美的教师、实施美的教育，促进美育过程常态化、日常化，寇忠泉和学校团队从教师与学生、家长交流的仪态、着装和文明用语等方面抓起，配以激励与监督并行机制，促进了教师们在任何场合都能够展现出一种审美姿态。

2017级（3）班向利的妈妈宋筱雅感觉到自己的孩子遇到了一位好老师。在她的眼里，班主任汪老师给自己的第一印象是"端庄、干练"。汪老师在课堂中，常用"嘴巴闭闭好"，学生回应"我就闭闭好"的温婉组织。"原本吵吵闹闹的教室，通过汪老师简单的几句话互动，瞬间安静下来，让在教室外等候的我不由得竖起大拇指……"

像汪老师这样，以优雅的姿态，优美地施教，在学校几乎是一种执教风尚。

突出以德育为首，倡导以美育德，促进学校德育工作的审美化，寇忠泉和团队提出发现、倾听、欣赏、激励的日常德育方法。

正是有了这样的日常德育方法要领，李立南老师在自己的教育教学实践中，发现了"倾听"对于教育的重要作用。

有段时间我和孩子们的课堂不知道怎么了，我越来越体会不到课堂的乐趣和与孩子们真心交流得到的快乐了。以前那种与孩子们智慧的碰撞、情感的交流、心灵的默契好像离我越来越远。学生们的表现让我失望——课堂上无精打采，回答问题时零星举起几只小手……"你们怎么了？注意力不集中，动脑筋去想啊！"我着急地大声提醒他们，训斥他们，他们木然地看着我，表现却不见改观，我心里非常着急。我想既然矛盾的双方是我和学生，与其自己在这里苦闷、烦躁，何不俯下身去，倾听一下孩子的心声呢？

于是我找了一个中午的时间，想和我班里的孩子聊聊。孩子们很想和我说说心里话，但他们一个一个地和我说，显然需要很长的时间。我想出一个办法，想和我说话的同学可以把想说的心里话写在纸上，然后在有空的时候可以和我单独聊聊天。孩子们迫不及待地拿出纸，开始唰唰地写了起来。过了一会儿，孩子们都写好了。于是下课之后，会有很多同学围过来说："老师，上课时声音小一点，大了会伤嗓子。""老师，您要多注意休息，别太累了。""老师，你要多喝水，这样嗓子会好受一些……"

"老师，我不想你天天板着脸给我们上课，我喜欢看你的笑容，你一笑，我们会高兴一整天的。""老师，你别动不动就生气，生气会伤身体。李老师不生气的时候是最好看的！"

听了孩子的这些真心话，我真高兴。孩子的真心话唤起了我的自省。原来觉得自己还不错，很"威严"，可孩子并不是从心里接受。不是一副板着的面孔，孩子就很佩服，孩子需要朋友式的老师，能和他们常沟通、说说心里话的大朋友。要经常换位思考，蹲下身去和孩子们交谈。

学校明确倡导，教师要善于蹲下身子欣赏学生，倾听学生，向学生学习，要和学生一起成长。"蹲下身子"是优秀老师成熟的标志。你只有蹲下身子，才能真正看到孩子眼中丰富多彩的世界，真正感受到孩子的心是世界上最真、最善、最美的。对于这沉甸甸的教育事业，我不敢亵渎，因为它不仅仅是一份工作，更多的应该说是一份责任。所以，我们一定要善于蹲下身子欣赏孩子，倾听孩子，向孩子学习，和孩子一起成长！

开设学校"育童心声"，通过输出自己的育美经历和欣赏他人的育美经历积攒育美经验，"育童心声"成为电子科大实验附小的一个教师论坛品牌，不仅营造了育美氛围，更促进了教师育美方法的不断积淀。

在一次"育童心声"上，秦小媛老师分享了自己对一个调皮男生的育美经历，说到自己"有意无意接近"这名叫"小川"的男生，秦小媛老师"发现他虽然自控能力差，内心还是很纯洁的，不记仇"，并且"后来班级换数学课代表，发现他积极地举起手来，我赶紧给了他一个机会"。正是在发现后激励，并且"逮着机会就表扬他"，小川一点一滴地进步了。秦小媛老师发出这样极触动参与教师的内心的感慨：

作为小学老师，我们其实应该感到庆幸，我们面前的孩子或许只是有点像小鸟一样，叽叽喳喳不停，但是他们每一张脸，静下心来欣赏，都是天真可爱的，他们还处在最美好的童年。我们不用像初高中老师那样，还有可能会受到人身攻击，比如，有的学生会携带管制刀具入校园，还有的学生会悄悄携带录音笔在身上，有的孩子会因为恋爱产生极端行为等。我们也不需要去处理那些更复杂的学生问题。我们的幸福感来得更容易。

所以，平时的教育教学中，在保护好自己的同时，也让我们以春雨般润物细无声的言传身教去引导孩子们健康成长。让我们拥有一双慧眼，从不同的角度去看待我们的学生。用我们的耐心和爱心，与家长一起携手，浇灌祖国未来的花朵，让他们开得尽可能多，尽可能灿烂。

寇忠泉深知，学校的主阵地是课堂，学校美育氛围的全面形成、教师的育美经验集成，最终必然要渗透学科教学实践，并由学科教学审美化实践来呈现学校立场。

为强化艺术学科的育美先锋队作用，寇忠泉将艺术学科美育教师育美实践作为学校整体美育实践的第一梯队，进行高质量学科建设。

寇忠泉为艺术学科教师亲自做课，以自己深厚的音乐教学功底，为艺术教育积攒了多个经典案例，并先后在以自己领衔的名师工作室中，吸收学校艺术教育骨干教师。2017年，随着课程整合思想的积极倡导，寇忠泉还亲自做课，将艺术与语文学科进行基于美育的学科整合课程的实践探讨，课例还获得成都市"一师一优课"一等奖。

在学校教研活动中，寇忠泉提出将艺术训练与学科教育结合，寻找艺术与学科教学结合点，展开了学校整体实施学校美育的实践探索。

在参加教师民乐团培训后，王雪老师创造性地想到了，可以将民乐融合在古诗词教学中，她在题为《让民乐与古诗词相遇》的文章中写道：

我原本学的是古代文学专业，民乐的学习让我思考能否将艰涩难懂的古文、诗词与民乐相结合，让孩子在感受音乐之美的同时潜移默化地吸收汉文化的精髓，这样既能培养孩子的音乐素养，也积淀了深厚的民族文化。我们总是在语文课本里不断地听到"高山流水觅知音"，听到"雨打芭蕉落闲庭"，听到"春江花月夜"，听到"明月几时有"等令人回味无穷的古诗词，可体会古诗词中蕴含的无尽韵味以及千百年来时光沉淀的意境——音乐，无疑是最佳的传递方式。而正是因为民乐的学习，让我找到了它。我试着找了找扬琴演绎的民乐曲《春江花月夜》，让孩子们闭上眼睛细细凝听，沉醉在音乐里，那江南春夜的景色，那月光下的万里江景，那游子思妇的离别之苦跃然纸上。古诗词的美，就这样通过音乐真正烙印在学生的心上。

古人认为四技（琴棋书画）、六艺（礼乐射御书数）为君子修身之本。虽为女子，我也希望通过民乐的学习，提高自身音乐素养，以自己作为媒介，以美育美，向孩子传达具有深厚底蕴的国学文化，培养学生独有的民族气质。

作为刚刚毕业的大学生，能够悟到以艺术手段融合语文教学实践，这对很多学校的很多老师来说，是不可望其项背的。

组建骨干教师团队从学科美育入手进行学科美育深入实践探究，电子科大实验附小先后探索出学科美育元素等极具成果性的学校美育实践探索，为后来构建学校"纯美课堂"奠定了基础。

"作为普通教师，也许他一辈子都站在最基层学校的教室里。每天都和孩子们在一起，但这绝不妨碍他们自己点点滴滴地奋进推动着中国教育的进步，进而推动着中国的进步！中国教育也的确需要一批乃至一代把教育当作事业而不仅仅是谋生饭碗的教育者。他们应该有直面现实的勇气，有超越梦想的精神，有披荆斩棘的双手，有遥望未来的眼睛，在他们心中应该永远燃烧着教育理想主义的熊熊火炬！"寇忠泉正是通过教育理想的激励和育美经验的积淀，不断锻造一支强思辨力、强创造力、强执行力的教师队伍。

三、与美相遇的信念感光

无数学校教育成功的实践表明，当一个基于学校发展的顶层理念，以一种超越特色创建的整体展开，这个顶层理念首先是要能够促进所有教师在具体教育教学行为中获得更为清晰甚至是创新的认识，由此凝聚所有教师的教育信念，于是学校创新性教育实践才能全面展开。

对于每一个电子科大实验附小的教师来讲，自进入这所学校工作那天起，自己就是一场以"与美相遇"的职业生命历程的信念植入。

已经有过工作经历的教师，进入电子科大实验附小，必然会经历既有教育经验与学校教育理念的碰撞。杨琳玲、何小波、袁春玲、黄明霞、刘晓军……甚至寇忠泉本人，都是这样。

尽管他们是学校美育顶层的设计者和参与者，但是，到底实践的情况怎样，他们永远不可能把蓝图当作大厦，把理想当作现实。

有一点是肯定的，他们必须努力，并且努力使这份教育的共同理想行稳致远。

已经有省特级教师光环的杨琳玲，在数学教学领域有着超出同龄教师的优越性，当自己从开江被引进到电子科大实验附小，原本只想沿着数学教学专业不断掘进，"与美相遇"后，不得不重新升级自己的专业结构，训练琵琶、钻研美学，当然更让自己在研究数学教材时，跨一步研究数学之美，最终以美的教学形式，呈现数学教学之美。职业生涯还是线性的，但专业修养，已然多了几个维度。如今，杨琳玲不仅是学校美育实践的内行，还是课程管理的能手，撰写的文章在很多专业杂志发表，学校美育、数学学科美育，诸多学校美育实践的文案都出自她的手。2019年由杨琳玲领衔的区级小学数学名师工作室，在区内外开展了具有辐射作用的小学数学教学活动，并且多次参加送教，获得好评如潮。

特级教师何小波在小学语文界有着较高的声誉，曾是大竹县城一所学校的校长，发表过600多篇各类文章，出版过教学专著，《新作文》为之做过专集。何小波戏称自己是在"美的感召"下，毅然决然来到电子科大实验附小，重新学习美学著作和美育著作，将美育理论引入并重构已有的语文教学观念，从思考、研究管理美学、德育美学、语文美学出发，不断升级自己的教育教学观念。尤其是在配合学校"邱易东儿童文学工作坊"的教学过程中，不仅深入领会到学校对"儿童"的深刻解读，更在文学育美的过程中，选择创作儿童诗和研究儿童诗课堂教学，在儿童诗课堂教学方面，做课和指导学校年轻教师上课15节，创作儿童诗360余首，2019年结集出版了儿童诗集《唱给五爪鱼的歌》，并且在《中小学管理》《中小学德育》等专业期刊发表学校美育实践文章10余篇。可以说，电子科大实验附小的美育实践，成了何小波教育管理、语文教育重新出发的跑道。

作为年轻的学校，教师结构普遍年轻，大多是应届大学毕业生。没有教育教学经验的他们，融入很快，但也正是因为没有经验，就必须首先跨越教育教学的基本规范，迅速与学校的美育实践融合。这，无疑更是一场"与美相遇"的美好教育旅行。

年轻教师胡雪年，在自己的教育教学过程中，一点一滴地认识美育。从名家论述中，认识美育：蔡元培对美育的描述，让她悟出美育"不能用抽象的枯槁简单地说教"，而必须"通过感情活动的陶冶作用才能达到"；从对审美活动的研究，得出"真正关于心灵的学问、诉诸情感的学问才会完善人格、美化人生"的认识；从席勒《美育书简》的阅读，得出美育要"以直观形象感人，寓情于理、以情动人、陶冶人的高尚情操"的美育方法论。

当她意识到"趣味性、感染性和多样性"是学校美育最基本最突出的特性时，进一步结合自己的教育教学经历，深探"从美育的实施手段方面看，它以美的形象感染人，就有趣味性；从美育的心理基础方面看来，它要调动人的感情活动，就有感染性；从美育的运作方式来看，它灵活自由、因人而异，就有多样性。三个方面的特征，共同形成了美育作为一种教育方法的独特形态"。

胡雪年老师对美育的认识过程代表了电子科大实验附小年轻教师们"与美相遇"过程中，对美育理论学习和探究的典型样态——读教育家名言建立美育基础认识，读美育经典书籍建立美育系统认识，结合美育实践寻求美育方法的个性化提升。

无论是有美育经验的教师，还是刚入职的教师，对美育领会和美育实践的体会还只是第一步，而最重要的是须将这些领会和体会凝聚成教育的信念。这，才是电子科大实验附小最终能够全面实施学校美育实践的动力之源。

把学校美育当作"一场美与爱的修行"，陈夜老师在坚定的探索中，凝成了这样的信念。作为一名美术老师，陈夜在实践中领悟到，美术教育要"引导孩子们以乐观积极的态度，去对待身边那些不尽如人意的事情"和"春兰秋菊，各擅胜场，每个孩子各美其美"，跨越了美术教育"术"的局限，上升到"育"的境界，由"美术"而"美育"，代表了一种认识到信念的飞升。

崔竹老师则直接以"相信美的力量"表达出这种信念。这种信念，变为崔竹老师指导日常工作的要求：身着合适自己角色的服饰，搭配符合人物设定的举止，面带和蔼可亲的笑容，说着幽默睿智的话语。课堂上下注重言行细节，以身示范，弯下腰，帮学生拾起掉在地上的铅笔，对帮着收发作业的孩子道声谢，在校园角落里悄悄拾起掉在地上的一团废纸，当着全班同学的面向学生承认自己的过失……

岁月感光，凝成与美相遇、向美而教的坚定信念，这是六年来，电子科大实验附小教师们的集体感受。

四、美育能力的全面提升

学校教育的主阵地在课堂。

美育的全面实践，必须完成课堂教学的审美化实践。

年轻的电子科大实验附小，从强化教师对美育的认识开始，渐及课堂审美化手段应用，再到挖掘文本的美育内涵，使用审美化教学资源和选择审美性教学方法。逐级实践，促进了各个学科课堂教学的审美化，让美育在课堂上真正发生，确保了学校美育的全面实践。

要让美育在课堂上真正发生，课堂立意就要体现目标的美育化。

胡雪年老师对此有这样的思辨。作为语文老师，她认为，必须根据小学语文学科的特点，围绕小学美育的基本任务来进行。

胡雪年老师认为，语文教材蕴藏着丰富的美育资源。例如，对自然审美的课文就有《登鹳雀楼》《黄山奇石》《日月潭》等。在确定教学目标时，一般教师都会把"感受这个美丽河山"作为三维目标中的"情感态度价值观"目标。然而，这些关于"美丽河山"的目标，缺少审美性，因为缺少美的风格特点，真正将这些教学目标审美化，应该表述到"感受黄河的气势、黄山石头的神奇、日月潭的静谧美"。这样，学生的审美感受才真正具体化，而非空泛停留在"美"这个词面上。

因此，在胡雪年老师的课堂上，她会结合学生旅游经历说出心中的自然之美，注重指导学生观察图画、录像等教学资料中的自然景观。根据审美需要，组织适当的审美活动，充分利用文体资源，提高学生的审美能力和审美自觉，并且在学习过程中达到自我实现、自我创新、自我发展，促进学生在积极主动的思维和情感活动中加深理解、有所感悟，受到情感熏陶，获得思想启迪，享受审美乐趣。

美的教学，才能让儿童享受学习之美。

而对学科之美的真切感受，才能将学科美育进行到底。电子科大实验附小许多教师在学科美育实践中，真切感受到了学科的美。

语文老师胡燕品出了语文的韵味，并把自己在对语文体味过程中的感受，以酸、辣、苦、甜来表现，由此展现了自己在学科美育成长过程中的真切体验。

进入学校，开始教授一年级，胡燕老师由此展开了自己的教育生涯，同时融入了学校美育。在语文教研活动上，她观摩了一堂又一堂有情有趣的语文课，并佩服得五体投地，但当执教的老师分享语文低段美育"要让孩子们首先享受到学习拼音的快乐"时，自己却没有做到，"心中一股酸涩之味油然而生"，并且暗暗自我勉励"我也要拥有这样的语文课"。

任教二年级后，"儿童美育学堂""好奇""好玩""好问"这些基于学科美育的词汇在胡燕老师脑海中时时浮现。她开始试着自己探索，最终在一次语文公开课上带领着孩子走进古诗《早发白帝城》。

课堂上，胡燕努力呈现出最佳状态，通过各种形式激发儿童"好奇、好玩、好问"，竭力呈现一堂有趣、有情、有韵的语文课。

课后，心中暗自窃喜的胡燕本以为这堂课会深受好评，不料关于课中的小组合作学习，遭到了评课者的质疑。美育的语文，绝不只是形式的美，"有型、有约、有魂"才是教学方式的美。这些认识，让胡燕"脸上火辣辣的"，期望"有一节真实美的语文课"。

教到三年级，胡燕对学科美育知识树进行梳理，明白了要让语文学科更具美感，除了课堂中充分利用教学资源，挖掘教材中的形象美，给学生带来美的享受之外，还要注重教学方法的灵活多样之美，激发学生的情感，让学生动情，敢抒情，会移情，体会情感之美。并且在大语文观视野下，语文美育要学生提高语文素养，陶冶学生情感、培养学生审美能力，才是真正的美育学堂。

适遇年级组讨论"漫游二十四节气"的节气美育活动。参与其中的胡燕后来发现，这场活动，二十四节气内容庞杂，其内容涉及语文、音乐、美术、科学、体育等各个学科，综合性极强，而最终使得活动开展难度大、学习形式单一，师生都叫苦不迭，最终使得整个活动被搁置一旁。胡燕因之感觉到"涩"，由此清晰：语文美育需要整合，整合点是学科美育的关键。

教到五年级，胡燕结合部编版语文教材开展了一次语文美育活动，内容是民间故事。胡燕把这个活动称为"'赏故事，传文化'时光列车"。活动开始之初，胡燕从学习过的民间故事课文引出话题，当从即时的学情判断中，发现孩子们对民间故事和神话故事分不清时，她没有顺水推舟推荐孩子们去读民间故事的书籍，而是与孩子们商量解决办法。孩子们想到了查资料、问家长、看纪录片、听民间故事、看民间故事连环画、看民间故事书籍等方法，胡燕的目的达到了——结合语文教材编写特点，沟通课堂内外。从那天起，孩子们就畅游在民间故事的海洋中，课间、自习课都能看见孜孜阅读的身影，他们用自己的眼睛去发现、去欣赏民间故事之美。从人物关系到情节内容，从写作方法到审美意象，广泛的阅读让孩子们静下心来去体会、去思考，民间故事的美也就慢慢浸润着他们的心田……其间胡燕还开展了一系列名家故事活动，如民间故事会、小组合作创编民间故事连环画——从体验民间故事的美，到创作民间故事的美，在胡燕精心设计的一堂创编指导课上，课堂沿着"趣味导入—回顾故事—梳理情节—创想连环画情节—小组合作创编连环画"展开。

胡燕说，这样的语文课程，很有韵味！这种韵味，很甜美！

基于具体文本，发掘文本的美，进行美的教学……美育就这样真正发生了。

六年来，电子科大实验附小的教师以学校美育为实践挈领，不断努力进步，在教学能力、育人能力、信息技术能力、家教指导能力和个人审美能力五个方面快速跃进。寇忠泉、何小波、杨琳玲、袁春玲等一大批成熟教师成为国家、省、市名教师，郑环、罗竟慧兰、王雪、齐秦等一大批年轻教师快速成长，并在区内、市内甚至是省内小有名气，有力支撑了学校教育基于美育的前沿性实践。

第六章 课题研究的实践牵引

一、经验整合的课题立项

坚持把"培养什么样的人"和"为谁培养人"的教育基本问题作为学校教育的目标导向，在"怎样培养人"的问题上，以全国教育大会精神为方法论，基于校情的个性化实施，是学校教育创新实践的具体体现。

电子科大实验附小充分领会在新时代教育高质量发展的背景下学校教育的创新作为，突出"以美育人"的价值深化，不断吸收国家教育的时代倡导，坚持问题导向，坚持实践变革，将核心问题聚焦为实践研究课题。2016 年 5 月，电子科大实验附小即向成都市教科院申报并立项了《基于审美素养的校本课程建构与实践研究》课题，以课题深化认知，以课题牵引实践，从课程、课堂、机制、评价多个维度展开基于实践的课题研究，形成基于实践的研究成果，并以课题的完善而凝成美育体系的建构。

从开办的繁复冗杂工作中梳理头绪，从已有特色中展望未来，从实践困惑中生成问题，从寻求解决策略中发现焦点。2016 年，寇忠泉提出了以课题研究牵引学校美育实践的设想，在学校管理团队获得集体认同后，寇忠泉开始主导编写课题申请报告。

有过美育实践丰实积淀的寇忠泉将自己的已有经验进行了梳理，认定缺少目标聚焦的美育实践是空泛的，而过于碎片化的美育实践又缺乏全面实践的价值。怎样确立一个既适合校情，又具有创新价值的课题？寇忠泉一时间陷入了沉思。

此前，2015 年 9 月国务院办公厅颁布了《关于全面加强和改进学校美育工作的意见》。该《意见》关于"美育"的阐释，让寇忠泉确立了课堂研究的育人指向性，即"审美素养"。同时，该《意见》在"基本原则"一条中，提出"坚持因地制宜"基本原则，指出："因地因校制宜，鼓励特色发展，坚持整体推进与典型引领相结合，形成'一校一品''一校多品'局面。"为此，"校本化"成为学校课题研究的基本视点。既然是校本性课题研究，就必然突出实践特征，因此其研究性质不属于理论研究，而是基于实践的方法和策略研究。就这样，聚焦审美素养、彰显校本课程、体现实践研究，寇忠泉主导了学校市级课题《基于审美素养的校本课程建构与实践研究》的申报，并最终获得了立项。

对"审美素养"从三个维度展开鉴定：（1）学校美育培养目的维度，认定为"指学生应具备的、能够适应终身发展和社会发展需要的必备审美品格和关键能力"；（2）学校美育内容的维度，认定为"学生的审美意识和审美心理素养"；（3）学校美育具体目标的维度，认定为"审美的经验、审美的情趣、审美的能力"。最终将课堂所指"审美素养"鉴定为"是指学生应具备的、能够适应终身发展和社会发展需要的必备审美品格和关键能力，包括学生的审美意识和审美心理素养，具体表现为审美的经验、审美的情趣、审美的能力等"。

对"校本课程"从分解方式进行鉴定，即校本——以学校工作的出发点与归宿，以改进学校实践、解决学校所面临的问题为指向，基于学校实践的问题，由学校中的人来解决，最终经过校长、老师的共同努力来讨论、分析、解决问题。课程有宏观、中观、微观三种定义：宏观课程是有目的、有计划、有步骤地促进学生发展的一切教育内容与过程，包括社会课程、学校课程、家庭教育课程；中观课程是指学生在校学习的内容与进程，包括国家课程、校本课程、地方课程；微观课程是指学生学习的学科课程，如语文、数学课程等。由此将"校本课程"界定为"以学校为本的，对本校学生的需求进行科学评估，充分利用当地社区和学校的课程资源、为了学生和学校的发展而由学校自主开发的、可供学生选择的课程"。

强调学校特色，提出课题研究既要凸显学校"儿童第一"的办学思想和"以美育美"的办学特色，又要满足学生和学校发展的个性需要，还要展现课题特殊性，更要将学生、家长纳入研究资源。

应该说，电子科大实验附小《基于审美素养的校本课程建构与实践研究》在既有的实践经验上立项，并且取向基于实践的探索。

二、课题研究的有序展开

电子科大实验附小《基于审美素养的校本课程建构与实践研究》课题确定了以行动研究法、经验总结法、文献研究法、实证及案例研究法为研究工作推进的主要方法。

从近 20 年中国美育研究的文献资料进行检索和梳理开始，通过中国知网文献检索，同时对中国国家图书馆资源进行了数据采集，电子科大实验附小在文献研究阶段就涉猎了 322 部著作、3126 篇论文。课题组将其分为 7 大类，采用统计学方法对数据进行采集和归纳分析，检视中国美育研究的发展脉络和前进趋势。

在文献梳理和检视中，课题组重点聚焦了最近 10 年涌现出的探讨关于美育实施的管理机制、课程设置、教材教法、师资建设等问题的文献。对凡木《高等艺术教育管理科学化的重要标志》、赢枫《关于高等艺术教育管理工作的思考》、朱琦《提高质量、规范管理，适度发展艺术学科的研究生教育》、钟宏桃《高等艺术教育引入柔性管理的几点设想》、孙传辉和孙春波《需要层次理论在艺术院校学生教育管理中的运用》、李都金《全面质量管理理念在高等艺术教育质量管理中的运用》、马振庆《关于高等艺术教育学分制教学管理若干问题的思考》、沈履平《高校艺术类大学生的个性特征及教育管理思考》、郭晗和郑华《高等艺术教育和谐管理机制研究》等论文文献做了认真分析。在研究著作文献时，课堂组发现，10 年间，我国关于美育的书籍只出版了 2 本：李甲奎、刘如文主编的《学校美育管理引论》（科学出版社，1997 年）和李金福的《艺术教育管理学》（云南大学出版社，2004 年）。更有趣的是，这些论文与著作均只涉及高校领域。

文献研究无异于一次理论视野的开拓。课题组发现，近 20 年，在美育的本质、功能等理论命题的研究中，越来越多的学者表现出对人的生存状态的关注。但对美育在广大中小学中具体实践问题的研究则十分薄弱。

进一步从美育课程视角进行研究，课题组发现在基础教育中开展的美育或基于审美素养的校本课程，绝大多数都存在观念狭隘、内容狭窄、途径单一的缺陷。尤其是来自鲜活实践的行为研究比较欠缺，也缺少针对小学校园审美文化建设而开展的研究和系统论述。少数学校着眼美育课程的研究，但研究着力点还是在艺术领域，缺少全面实践的美育课程建构。课题组认为，美育不应该局限于艺术领域，学校美育课程应该包括自然美、社会美、艺术美诸多领域，并且基于学生审美素养的校本课程开发，应跳出美育仅指向艺术教育的狭隘认识，应纳入美的更全面的内容，设计基于人的全面发展的审美教育校本课程，走向更全面的人的审美素质的培育。

这些研究，开启了电子科大实验附小结合学校制定的文化大纲设计的学校课程实施与校本课程开发理念，提出了基于美育特色的课程实施的"国家课程美育校本化、校本课程美育特色化"理念，以及基于学校特色创建的"全时空、全员参与、全课程、全学科视域"的课堂研究"四全"美育观。

三、专家资源的有效应用

结合学校文化大纲提出的学校课程设计蓝图，2016年秋，电子科大实验附小全面启动学校美育课程建设。到2017年秋，学校初步建构了美育课程体系，研制了《科大实验附小美育课程方案》，开发了学校四大美育精品课程：儿童文学欣赏、国际理解教育、儿童教育戏剧、童心灿烂美育四季文化节。编写了美育校本教材，进行课堂美育的实践性变革，通过系列培训及书籍阅读提升教师育美能力。

然而，如何认证学校课程方案的精准性、如何完善学校美育课堂体系、如何在现有师资条件下将美育实践凝练成学校高质量育人模式，这些问题再度从课题研究的瀚海卷帙中涌现出新的问题。

2018年开始，寇忠泉与电子科大实验附小开始广泛寻求专家资源支持，从区内、市内到省内、国内，寇忠泉通过线上线下两种方式，从各个渠道，先后请教国内美学、美育界名家大师曾繁仁、丁旭东等，对学校美育进行了专家视角的理论有效性论证。请教了课程论专家姚文忠、周小山等对学校美育课程进行专家视角的课程有效性论证，请教了学科教学专家何夏寿、刘晓军等进行美育教学实践专家视角的学科教学有效性论证，得到了专家们的高度肯定和有效指导，坚定了电子科大实验附小基于课题的进一步研究和实践。

在专家指导下，电子科大实验附小从"大美育"观的角度，秉持"全时空、全过程、全课程、全员参与"的"四全"美育理念，坚持国家对美育工作提出的"坚持正确方向""坚持面向全体""坚持改革创新"三大原则，紧紧攥住"学科融合""艺术实践活动""统筹整合社会资源"三大实施路径，创新性研究出"立德树人"和"五育并举"视域下的学校美育五要素——"善、慧、健、艺、勤"，以"立德树人"这一学校美育的核心载体，将弘扬社会主义核心价值观，强化中华优秀传统文化、革命文化、社会主义先进文化教育，引领学生树立正确的历史观、民族观、国家观、文化观，陶冶高尚情操，塑造美好心灵，增强文化自信作为学校美育实践的根本目标，有效创建了基于校本性的小学美育全面育人、课程育人、活动育人的育人模式——以"国家课程的美育校本化"和"校本课程的美育特色化"为基本策略，由学校"尚善育美课程""明慧育美课程""茁健育美课程""蕴艺创美课程""勤俭育美课程"的"五育"融合策略共同构建学校"纯美课程"体系，并在具体实施策略中，以学科中的"纯美课堂"为载体，以校本课程中的四大精品课程为依托，以纯美环境化育课程、纯美教师提升课程、纯美家校共育课程、纯美社区共享课程为保障，展开完整的、系统的以培育学生审美素养为目标的校本课程建构与实践研究。

四、国家意志的及时吸纳

以课题为推动机制，取向美育本质、校本学情、学科融合的电子科大实验附小的美育实践，在脚踏实地的实践研究中，认真分析了国家对学校美育的倡导和要求，并及时吸纳习近平总书记关于教育的系列讲话和国家颁布的各种文件。

2017年10月，全国教育大会召开，电子科大实验附小迅即展开了深入学习习近平总书记讲话精神，及时领会"9个坚持""6个下功夫"和"坚决克服唯分数、唯升学、唯文凭、唯论文、唯帽子"精神要旨，并将其作为课题研究的思想理论指导，及时丰富内涵、指导实践。

2017 年，中国共产党第十九次全国代表大会召开，电子科大实验附小不仅组织全校师生观看、学习，还及时将习近平新时代中国特色社会主义思想作为课题研究的指导思想和行动指南引入课题研究文本。

2017 年 6 月，教育部公布了《中国学生发展核心素养》，电子科大实验附小在深入学习其内涵的基础上，充分研究校本性学校发展实际，站在为学生发展一生负责的高度，对标研究了"学生审美素养"内涵所包括的必备品格与关键能力目标体系，从课题研究解决学校教育对于人的成长的四个关系——美德、美景、美矩、美心，为实现"纯美教育"的办学特色，提出了基于学校美育和发展学生审美素养的九种必备品格和十种关键能力的纯美发展目标，实现学生全面发展，建构课题研究的学校美育具体的目标体系。

2020 年 10 月，中共中央办公厅、国务院办公厅颁发《关于全面加强和改进新时代学校美育工作的意见》，电子科大实验附小团队深入领会文件提出的"为贯彻落实习近平总书记关于教育的重要论述和全国教育大会精神，进一步强化学校美育育人功能，构建德智体美劳全面培养的教育体系"精神，坚定美育的主渠道在课程，坚定学校教育通过审美素养校本课程能更好地培养学生的审美能力、促进学生核心素养的发展，进而培养完整的人、引导人更美好更有尊严地生活的实践方向，再度梳理了学校美育实践的目标体系。

从确立学校美育文化大纲、坚定学校实践重点，到开展美育实践课题研究，再到不断赢得专家指导、及时吸纳国家关于美育的文献精神，电子科大实验附小以稳步的实践探索，不断发现问题、解决问题，突破了相关领域难题，在不断总结实践研究成果的基础上，创新建立了校本性、典型性极强的高质量学校美育体系。

第七章 文化建构筑校基

一、取向美育的课程特质

探寻电子科大实验附小美育实践，以"国家课程美育校本化，校本课程美育特色化"为学校课程实施理念，进行了卓有成效的实践建设。在课程育人中，全面落实立德树人根本任务，在具体的课程实施中，实现高质量教育的真正发生，实现学校美育的真正发生，实现儿童核心素养的全面发展……

2014年秋，电子科大实验附小的许多教师还不清楚什么是学校美育，也还体会不到"以美育美"这一学校文化精神内涵。

一个周五的下午，学校后勤主任刘晓军发现，许多孩子上学走进校门时，没有举行入校仪式——电子科大实验附小要求，孩子们上学进入校门时要进行入校仪式。例如，对门口迎接的老师和门卫要行队礼。刘晓军将自己的发现与寇忠泉做了交流。

周一，按例是全校集会和升旗仪式。

升旗仪式后，是国旗下讲话。

只见寇忠泉和两名老师走上展示台，做了一个迎接动作，6名学生还在前后拥挤着走进虚拟的"校内"，有的打着哈欠，有的还在吃零食……对校长和老师毫不在意，台下的孩子哄堂大笑。寇忠泉叫住一个孩子，问："你知道我们的入校仪式吗？"

"知道！"

"你是怎么做的？"

……

配合着台上的情景剧，孩子们快乐地观看后，受到了很大教育，入校仪式由此成为孩子们极其看重的仪式。

学校教育，早已经不是只有讲授这个唯一方式的时代。寇忠泉通过情景剧对学生进行教育，本身就是一种简约的美育课程。

当电子科大实验附小确定美育为学校课程特色时，寇忠泉就在研究和思考学校美育课程的特质。

随着以课题研究的形式展开，研究不断变化的时代特征，坚持德育为首的育人观念，电子科大实验附小抓住"培养什么人"的教育首要问题，突出"培养担民族复兴大任的时代新人"和"中国特色社会主义事业的建设者和接班人"根本任务，着力从德育与美育的融合上，逐渐清晰了"美育+"课程特质。

所谓"美育+"课程特质，就是在学校课程中前置"美"，由此从课程理念、课程设计、课程实施等方面展开课程审美化建设。

基于课程理念的"美育+"，就是确认学校一切课程以美来实现对德、智、体、劳的融合。

寇忠泉以情景剧教育学生，无疑就是"美育+德育"的典型案例。

而"美育+德育"铺开德育日常学习化、生活化、实践化延伸。电子科大实验附小以教育部颁发的《中小学德育工作指南》为工作总方针，坚持德育工作以思政课建设为主线，突出政治启蒙和价值观塑造，坚持正能量正面灌输、聚焦红色基因教育，达成"美育+思政课"的主线建设；坚持发挥少先队组织的德育作用，强调少先队工作主线明确、组织有序、班级落实、价值优化，达成"美育+少先队工作"的辅助线建设；坚持德育与日常生活融合，把德育与日常行为规范、各类活动、心理健康、班级生活等融合，达成"美育+生活"的暗线建设；坚持德育与学科教学融合，充分发掘学科育人因素，把知识教学向整体育人转换，达成"美育+教学"暗线建设。

电子科大实验附小德育课程的"美育+"体现了学校德育的审美化特征，以此来实现美育与德育的高度融合。

以完善德育课程审美化为标志，电子科大实验附小以"美育+"作为学校美育全面实践的核心特质，以"美"为价值引领整合"五育"，提出"以美育美""以美育德""以美启智""以美健体""以美促劳"的课程建构观。

在一次与教师们分享自己的教育经历时，林慧娟老师有这样的感慨：

为什么相信"以美能育美"？因为，在小学六年时间里，孩子要建立人生观、价值观，乃至世界观。作为小学老师，不仅仅是教授知识，还有一项重要的工作，就是"育"学生。"以美"孕育出来的学生，相信也是"美的化身和延续"。

无疑，林慧娟老师描述的"以美育美"成果，蕴含了高效的德育，因为道德的最高境界是美德。

"美育＋"让教师在教育实践中，展开了美育价值应用的实践延伸，"美育＋德育＋智育＋体育＋劳动教育"的美育融合理念，成为教师在教育教学活动中的有效方式，"美育＋引导""美育＋启发""美育＋评价"……活跃了教师美育实践的创新思维。

尹萌老师中途接到一个新班，孩子们升入四年级时，班上来了一名来自外地的转学生。见他第一眼时，孩子就表现出极端的个人化倾向，并对以前的老师表现出极端不满。后来发现，这孩子的确排斥他人、不愿融入班级，甚至尹萌老师通过家访得知，这个孩子在之前就读的学校，因表现不好经常被父亲体罚，并由此落下了轻微"被害妄想症"，孩子在学校也时有暴力倾向。

怎样改变这个孩子呢？

尹萌老师坚信，美育一定会"春风润雨"，孩子一定会在美的沐浴下，迎来自己的品格完善。

一点一点地让这个孩子由欣赏自己而渐及欣赏他人，从感知老师的爱到感知班集体的温暖，从平和师生关系到渐渐建立友好的同学关系，从发现孩子是非分明、思维活跃、学习力强等闪光点，到激励孩子说出自己曾经在外地学习期间的经历，讲述自己的妈妈和哥哥……尹萌老师带着全班同学一步步走近他，以美育的方法找到和孩子的共情点，帮助孩子建立认错的勇气，消除孩子对他人的戒备心理，适时为孩子提出易于接受的意见和建议。就这样，尹萌老师在日常德育中，介入美育，这个孩子发生了可喜的变化：完全融入班集体、坚持原则做事情、主动帮助同学做卫生……"美育＋"成为尹萌对孩子品格教育的有力武器，在对孩子深入教育的每一个细节，"老师在孩子的童年是这样的引路人——用美的方式、热情真挚的态度教会所有孩子学会正确地感知和表达，坚信每个孩子天然地拥有一颗善良、真诚、美好的内心，而我们需要做的，便是让他们学会不蒙尘埃地用自己的本心去感受这个世界，感受真、善、美，使他们成为眼中有光、心底有爱、保持炙热、追逐光明的人。"尹萌老师说，自己在对孩子进行美育的过程中，也在成长。

教师"美育＋"课程特质，还从教师资源的角度彰显电子科大实验附小的教育特色和实效。为充分激励儿童主动发现美、体验美、内化美，甚至是创造美，学校开展了"寻找最美身影"德育活动，以审美化的德育课程活动推进儿童主动将垃圾扔进垃圾桶，及时拾起身边的纸屑，尊重劳动者的辛勤付出，争做校园里的美行儿童，德育处、少先队各级辅导员、班主任则时刻提醒孩子们观察、体验、行动，并随时以手机拍下"最美身影"。活动开始之初，校园里，孩子们争先恐后，涌现出了一大批美丽的身影。如何让这一活动成为儿童向美行动的常态呢？

邓芹老师将这个话题抛给孩子们，她在为孩子们拍下"最美身影"后，结合班会课，进行阶段评价之后提出问题："为什么我们大家每次辛辛苦苦地捡了这么多，可等到下一次观察时地面上还会有呢？有没有什么更好的方法能够让我们大家在不那么辛苦的同时，又能让我们享受到干净优美的学习环境呢？"

孩子们打开脑洞，想出了很多行之有效的办法，而最后形成了帮助、制止、公约等基于制止不文明现象的发生，向以美的方式营造美的环境的跨越。

邓芹老师由此感慨："投袂而起是美，耳濡目染是美，团结互助也是美。在我们尽力营造美的氛围与环境的同时，孩子们又何尝不是在用自己的童心、善心与爱心温暖慰藉着我们！"

针对城市学校缺乏劳动实践基地、家庭劳动教育观念不强等短板，电子科大实验附小在"美育＋"课程特质延伸中，将"美育＋劳动教育"作为学校补齐短板、增进特色的重要策略，将劳动教育活动审美化，完善"生活劳动体验课程"，在"厨艺""编织""刺绣""蜡染"等美育活动中，做成专项劳动技能课程，以实际劳动操作、体验劳动过程、建立"劳动最美"观念、掌握劳动技能、养成劳动习惯和尊重劳动者等为课程内涵，有力配合了家庭劳动育美、社会实践基地育美等成果。

二、课程结构的整体完善

以"美"为价值引领，以"纯美教育"为办学特色，从遵循儿童发展规律、尊重儿童天性出发，以培养学生审美能力、促进学生全面发展为目标，电子科大实验附小谨以课程结构性变革为突破口，进行整体、系统的学校课程建构。

电子科大实验附小课程结构呈现有两种方式：

一是"1+X"结构方式。

将课程分为国家课程和校本课程两大类，坚持国家课程"1"的地位，突出国家课程作为校本课程建设的基础，将两类课程的实施审美化，提出"国家课程美育校本化"和"校本课程美育特色化"实施理念，并在实施中进行课程结构化建设。

"国家课程美育校本化"顺承国家课程内容和形式，在创新实施中深入解读，放大国家规定学科课程的美育价值，展开国家规定学科课程的美育建设，让每一门学科在系统地传授知识、培养学生能力的同时，贯彻美的精神，提高美的含量，实现"美育＋学科"的课程结构创新。

"校本课程美育特色化"则因地制宜地在国家课程为校本课程留下的创新空间内，基于校情，基于学校美育文化，开始具有生命活力与美育价值的校本性课程，提高学校课程品质，推动学校高质量发展，实现国家课程"1"基础上的"X"校本课程。

这种"1+X"课程结构，全面统一于"美的课程、美的过程、美的标准"校本性实施系统，整合美育资源，凝成体系完善、结构合理、校本性强的课程组块。

例如，儿童文学启蒙课程，它既是国家语文课程中儿童文学内容的创新延伸实践，又是校本课程基于情感教育的美育课程，其具体实施则以语文教师为主体。

这样的课程结构，既在全面实施国家语文课程基础上进行整体结构的延伸与创新，又以之配合学校美育特色创建，强化学校倡导的"儿童第一"的教育文化，形成既有结构变化，又无缝对接的课程空间的最优化。

二是内容统整结构方式。

在内容结构上，电子科大实验附小以"纯美课程"统摄课程体系，按照儿童审美素养建立课程体系，开设三大类课程：第一类是"纯美基础课程"，以引导学生感受美、表现美为内涵，包括"学科课程"和"德育课程"。"学科课程"承载"学生学科基本素养和能力"之基，"德育课程"则承载"学生基本品德修养"之基。后者又分为"认知型德育课程""体验型德育课程""浸润型德育课程"三种，将德育生活化、审美化、情趣化。第二类是"纯美拓展课程"，以"引导学生体验美、创造美"为核心内容，又分为"学科整合课程"和"潜能开发课程"两种。"学科整合课程"以发展学生核心素养为目标，着重培养学生的思维能力和创造能力，形成新的美育素养课程。这一课程包括儿童教育戏剧课程、儿童文学欣赏课程、国际理解教育课程和STEAM课程。"潜能开发课程"则承载"着眼于学生的全面发展，以优质的美育课程抚慰学生心灵，唤醒学生潜能，关注学生成长，促进学生形成良好的个性和健全的人格"的内容，包含"学生专业特长提升课程"和"学生审美情趣培育课程"。其中，"学生专业特长提升课程"依托学校四大精品社团——"天娇儿童艺术团""创美少年科学院""尚美童心书画院""生肖联盟俱乐部"开展，主要面向在艺术、体育、科学等方面有优势特长或发展潜能的学生，进行生命潜能开发，促进学生个性成长。"学生审美情趣培育课程"包含以美育美的"艺术实践课程"、以美促劳的"生活实践课程"、以美健体的"体育实践课程"、以美启智的"科学实践课程"。第三类是"纯美辅助课程"，以"学生理解美、欣赏美"为内容，包含"教师提升课程""家校共育课程""校区共融课程""校际共建课程""校企共享课程"。侧重于通过提升教师专业素养，畅通家校沟通渠道，整合区域优质资源推动学校美育课程的实施，重在培育学生理解美和欣赏美的能力。

由此可见，电子科大实验附小的学校美育课程结构完善、系统完备，彰显了全时空、全过程、全课程、全员参与的"四全"美育理念。

三、课程实施的有效策略

早在文化大纲设计之初，寇忠泉就提出了学校课程实施的"两化"理念，即"国家课程美育校本化""校本课程美育特色化"。在这一理念指导下，学校开办之初就进行了学科美育的审美化教学和校本课程的美育实践。

随着课题研究杠杆学校美育的全面实施，随着学校美育课程结构的全面建立和课程体系的全面完善，也随着学校教育美育能力的全面提升，必须进行基于学校美育课程体系实施的全面深化。以纯美课程为学校体系统揽，电子科大实验附小通过不断探索，建构了"纯美课程"实施体系。

整个实施体系，呈现出以下两大特色：

一是以"五育并举"整合课程实施策略。 以"美"为价值引领整合"五育"，以"以美育美"，在"弥漫式"艺术课程中培养学生的审美感知、审美表达；以"以美育德"，在"体验式"德育活动和环境中培养学生的善心、善行；以"以美启智"，在"开放式"学科课程教学中培养学生的聪慧、智慧；以"以美健体"，在"融合式"体育活动中培养学生健心、健体；以"以美促劳"，在"参与式"劳动课程中培养学生勤劳、勤俭的精神。这样的课程整合策略，贯彻了党提出的教育方针，落实了中国学生核心素养，追寻了学校教育的理想目标，实现了学生的全面发展。

二是"五措并举"夯实美育实践路径。 紧扣"以美育美"学校文化理念，以"纯美文化"营造育人氛围，达成"以文化人"的生活化、浸润式、可持续美育课程实施；以"纯美管理"承载育人环境的净化，达成"管理育人"的科学性、规范化、目标化美育课程实施；以"润美课程"纯美课程蕴含课程载体，达成"蕴美润美"的有效性、完备性、高质量；以"悦美学堂"营造审美化教育情境，达成"审美素养"发展生动、提升真实、培养情趣；以"尚美评价"杠杆美育教育性导向，达成"评价激励"动态化、多元性、促发展。

四、多种课程的生动实施

从课程的顶层设计，到学校课程体系建立，再到课程实施策略的全面优化，电子科大实验附小一边实践，一边建设，各种课程开展得有声有色，新成立学校美育典型经验支撑，取得了高质量的育人成效。

以"体验型德育课程"中的"童心灿烂四季文化节"通过开发大自然四季美育价值整合学校特色教育活动，以"春播、夏长、秋收、冬藏"的四季主题活动为内容，把学校的常规教育活动统一其中，开展学校儿童文化活动，反映儿童的成长，引导学生主动融入生活、自然和社会。

万物复苏的春季，孩子们在"寻美忆年味，追梦再出发"的"童心典礼"中回忆春节所富有的年味，开启新学期的篇章；在"舞动童心，乐美附小"的"校园艺术节"中，感悟舞台表演之美，提升艺术修养。

骄阳似火的夏季，孩子们在闪耀着智慧之光的"校园科技节"中感受创新之美；在充满着"乐活童心，畅享童年"的"趣味游戏节"中享受着童年的欢声与笑语。

果实累累的秋季，以"探索天府文化"为主题的"综合外出实践活动"，让孩子们走进成都周边古镇、博物馆、艺术馆，领略四川的国家非物质文化遗产——川剧、蜀锦、蜀绣等，以此弘扬中华民族传统文化，让电子科大实验附小的孩子们领略巴蜀文化之美。

粉妆玉砌的冬季，孩子们在"传奥运精神，展多国风情"的"冬季运动会"中感受生命之美；在深入体验精彩绝伦的"模拟法庭"活动中，感悟社会责任，提升社会意识。

这些以真、趣、活的课程形式，围绕学生核心素养，有效地培育了孩子们"真""善""创""趣"的美的品质。

"天娇儿童艺术团"引导学生体验艺术实践过程，培养学生展示自我、提升自我的能力，促进学生学习能力、表达能力、演奏能力、歌唱能力和舞蹈能力的发展，提高学生艺术修养和综合素质。在2017年度高新区校园剧比赛中，电子科大实验附小原创作品《小不点》荣获一等奖；2019 年度高新区艺术节中，电子科大实验附小原创编作品《美不过成都＋通向幸福的路》荣获合唱比赛一等奖，原创舞蹈《头巾里的秘密》荣获舞蹈比赛一等奖；同年，在高新区组织的管弦乐队比赛中，电子科大实验附小选送作品《秦始皇》荣获一等奖。

"创美少年科学院"引导学生了解前沿的科学知识与技术知识，了解科学技术社会和环境的关系，促进学生学习能力、思维能力、实践能力和创新能力的发展，形成科学态度，探究科学之美，提升科学素养。2019 年在北京举办的"世界机器人大会"的赛场上，电子科大实验附小学生夏婉馨和罗梓涵双双荣获三等奖。近年来创美少年科学院培养了大批具有科学精神的"少年科学家"，在省、市、区各类科技创新大赛中屡获佳绩，仅 2019—2020 年的成都市青少年科技教育系列活动中，就有 58 人获一等奖，96 人获二等奖，187 人获三等奖。

五、成果辉煌的儿童文学启蒙教育课程

以药品为矛
以仪器为盾
你们是战场中最勇敢的人
与病魔展开激烈斗争

这是 2020 年新冠疫情期间，电子科大实验附小的孩子通过童真的笔触致敬生活中最可爱的人，写下的诗：

春晚看了一遍又一遍
有时我趴在窗前
静静地体会这特殊的年
这个春节
宅在家
当一块抗疫的"守城砖"

成了我最大的使命

这是疫情期间，电子科大实验附小的孩子在家防疫的生活写照。

2019 年 12 月，随着电子科大实验附小《一只爱飞的小鸟》《树是我的好朋友》两本学生作品集的出版，四川省青少年作家协会授予了电子科大实验附小"小作家培养基地校"称号。

寇忠泉认为，文学教育本身是一种审美教育，文学作品以文字的魅力、形象的感召和作者的情感审美化表现，触动学生情感发生，丰富情感心态，形成情感审美力量，奠定支持学生一生可持续健康发展的坚实精神底子和丰沛的情感内蕴。

"因此，在学校美育中，儿童文学教育是一种高价值含量的教育，王国维先生倡导的人生'境界'说，正是从文学这个角度来展呈的。因为，文学取向情感，而情感才是安放本我的生命动源。"寇忠泉以这样的理解，凝聚了团队的共识，也感动了邱易东老先生，年逾七十的邱易东再次受邀为电子科大实验附小办起了儿童文学教育工作坊。

捐出自己的所有著作，把自己曾经获得过的各类儿童文学奖奖杯、奖状、奖品放置于工作坊展示柜，为学校图书馆专门建设了一个"儿童文学区"，邱易东付出了最大的热情。他带领由学校选拔的工作坊成员教师，展开了基于学校美育实践的儿童文学体系建设。

从自身的专长出发，基于文学教育对人的想象力培养，邱易东首先在电子科大实验附小开设了"儿童诗的阅读与创作"课，并亲自做课，逐渐带动学校语文教师开展儿童诗的创作和教学。

"儿童诗的阅读与创作"课，逐渐升级为学校"儿童文学启蒙课程"，电子科大实验附小逐步展开以"培育审美素养"为目标，以"与语文教育、国学教育结合，注重把儿童文学的美育功能与语文课程的'人文性'融合，追求'纯真、稚拙、欢愉、变幻、朴素'的儿童文学审美特征"和"在 1～6 年级开设，聘请著名儿童文学作家，编写'儿童文学启蒙教育'校本课程与读本，开发课程教师用书，引导儿童学习儿童诗、童谣写作。促进儿童的阅读能力、写作能力、思维能力的提高"为实施路径的"儿童文学启蒙课程"。

邱易东儿童文学工作坊以校本课程和社团课程等形式展开教学，在"儿童文学启蒙课程"建设过程中，邱易东和团队先后建构了儿童艺术作品欣赏课、儿童文学创作课；先后出版了教师用书《小孩子的诗歌课堂》和《儿童文学教育教师用书》，编辑了低段儿童文学读本《一百个冰激凌》、中段儿童文学读本《狐狸打猎人》和高段儿童文学读本《漫游神话的孩子》。

教师用书，有力地提升了学校语文教师的文学教育能力；读本，则在教师引导下，丰富了孩子们的阅读视野；课程，则引导孩子们进行了儿童诗、童谣、绘本、散文等习作，充分促进了电子科大实验附小孩子们的阅读能力、写作能力、思维能力的提高，丰富了学生的想象力和内在情感及人文素养。

儿童文学启蒙课程的成果凝练，促进了电子科大实验附小教师们的创作热情，从 2018 年开始，学校相继研发和开设了儿童教育戏剧课程。

该课程以儿童戏剧为载体，以"践行社会主义核心价值观"为基本内涵，把"陶冶和培养儿童的人文素养与审美情趣和能力"及"体验人生百态、洞察人性善恶，从而认清自我，进一步增强对世界本质的认识与理解"作为课程育人目标，开发了《美的旅行》儿童教育戏剧课程教材，结合学校美育，分学段展开实践。

儿童教育戏剧课程实施则以阅读欣赏为主要形式。以"儿童教育戏剧课程"经典课例《青蛙谷》为例，通过引导学生感受青蛙谷原本的幽美环境与被破坏后的凋败景象，让学生在角色扮演中去体会动物、植物生存环境的变化，激发学生的审美想象力和创造力，从而引导学生关爱生命、爱护环境，促进学生健全人格的形成。目前，该课程已成为电子科大实验附小孩子们选修的热点课程之一。

2018 年 5 月，著名作家曹文轩在中国作家网撰文指出了文学教育的多元意义，他不无动情地在文章中说道："在沉闷萧森、枯竭衰退的世纪里，文学曾是情感焦渴的人类的庇荫和走出情感荒漠的北斗。"今天，情感教育依然是教育的时代重要话题，文学教育必须承担起这项美育任务。

相信，寇忠泉们正是基于这样的认识，才一直在学校美育实践中，坚持儿童文学教育。

第八章　课堂教学的全面深化

一、学科美育的生动探索

2019年秋，电子科大实验附小连续颁发学校系列文件：《开发教育新动能，迈向美育高质量——电子科技大学实验中学附属小学贯彻落实教育高质量发展"1+5"系列文件实施方案》《多元联动，合美共育——电子科技大学实验中学附属小学美育高质量发展一流教育生态建设三年行动计划》《强基固本，慧美成长——电子科技大学实验中学附属小学美育高质量发展一流教师队伍建设三年行动计划》《情趣交响，"三悦"育美——电子科技大学实验中学附属小学美育高质量发展纯美学堂建设三年行动计划》《课程聚力，纯美育人——电子科技大学实验中学附属小学美育高质量发展高品质课程建设三年行动计划》。这些文件的一个共同标志，就是关于学校纯美教育的实践深化性建设行动，并且以三年为周期。

学校美育的根本性深化是学科教学的美育化，也就是课堂教学的全面审美化。

事实上，以2019年秋季为分界线，电子科大实验附小经历了学校美育实践方法探索的前后两个阶段：

前期主要是改传统教学为蕴美而教。

挖掘教材文化蕴藏之美，让教材这个孩子们学习的"食材"蕴藏的审美性"营养"价值得以充分发挥，成为孩子们学习的心智发展"大餐"。从2014年起，电子科大实验附小每学期都会专门组织名师、骨干教师以集体备课的方式，对学科进行文本审美解读，让每一个学科蕴藏的知识之美、人文之美、资源之美都能够清清楚楚地呈现在教师执教过程中。

彰显教学活动蕴藏之美，将和谐的师生关系、优化的教学方法、蕴美的环节递进、灵动的课堂生成、良好的课堂氛围进行审美化建构，让教学活动过程充满美的气息，成为学生生命向美成长的历程，电子科大实验附小以"激趣""启思""益智""蕴美"作为最初的课堂教学过程审美化育人模式内涵，让每一节课都成为学生"与美相遇"的生命真切体验，让教师真正成为孩子向美生长过程中美的引导者。

孙玉婷老师的数学示范课《用数对确定位置》是这时候的典型课例。

教学内容是四年级上册数学中"借助数对确定物体的位置"。由于孩子们已有"第几个""第几组第几个""第几层第几个"等直观、具体的方式确定一维空间、二维空间中物体位置的经验，对于自学能力强的孩子来说，学习内容很可能早已了然。但教学内容又很重要，尤其是对于孩子们的生活来讲，其学科价值与美育价值都很丰富。怎么才能上成一个生动的教例？孙老师在美育与学科教学结合点上，抓住美育课堂倡导的好奇、有趣、启思、好玩、体验和生情等特质，以宝石消失的卡牌小游戏贯穿课堂始终，设计各环节彰显"好奇激趣""好问启真""好玩达真"的特质，由此将课上得十分生动。课堂上，孩子们在经历一步步的探索和解密过程中，动手、动脑、动口，在好奇心的驱使下，积极参与真实的课堂学习；在不断的追问与辨析中，把知识的来龙去脉理解得越来越深刻，让学习真实发生，孩子们好奇、好问、好玩的天性得到彰显；以美启真，以美求真，在每一个环节中，都蕴藏美育的内在元素，每一位孩子的生命也因学习的快乐和成功而获得自然美丽的绽放。

在将传统知识教学向学科美育转化方面，电子科大实验附小艺术学科教学美育也体现得十分生动，改教美术为美育，改教音乐为以音乐教……这些有利举措无不彰显出艺术学科课堂教学一开始就打上了美育的烙印。

取向课堂的审美，让课堂流程成为学生审美成长的历程，在陈夜老师的一节美术课上，曾经出现了这样一个"不曾预约的精彩"。

在陈老师的指导下，课堂活动有序地进行着。突然，"啪嗒"一声，水杯坠地的声音打破了课堂的宁静，伴随着一声女孩子的惊呼，孩子们的目光都聚集了过去。原来是坐在前排的孩子不小心弄掉了这位女孩子的水杯，前排孩子一边道歉一边捡起她的水杯，发现水杯已经有了一点破损，杯子的主人生气又委屈地大哭，前排孩子还是在不停地道歉并试图修补杯子。

"老师说过不可以把杯子放在课桌上，因为很容易会摔坏。"一个孩子小声地发表自己的观点。

"她的杯子已经摔过几次了，都是因为她没有放在指定的地方。"

……

一时间，课堂话题聚焦到被摔破的杯子上来。

陈夜走过去仔细查看了破损的水杯，他突然灵机一动，抛出一个问题："水杯已经破损了，但有没有好的方法，让'破损'看起来也很美呢？"

顺势的引导，自然激起孩子们各抒己见，孩子们纷纷行动，有的拿出了自己漂亮的胶带，有的四处寻找彩笔，有的撕下已贴好的贴画。孩子们摩拳擦掌，争先恐后想要"照顾"受伤的水杯，水杯的主人也破涕为笑，最终破损的水杯重获新生，仿佛凝聚了更多人对它的关心和期待，变得更加漂亮了。

以真切的体验为审美培养介质。崔竹老师在教学《我们身边的痕迹》一课时，由于教材和多媒体资源都不能把"拓印"技术真实地呈现给孩子们，尤其是对拓印过程和拓印之美的感知，虚拟的资源永远无法带给孩子们真切的感受。崔老师毅然在坚持"低年级的孩子就是要蹦要跳，做属于他们年龄段该做的事情，这是一个探索然后成长的过程"的观点的情况下，带着孩子们走出校门，进行了真切体验。结果让崔竹大吃一惊，美术课上的问题不但通过自己的实践得以解决，孩子们还由体验到的拓印之美联想开来，触及许多更为生动的问题。

"不知道是不是那天的阳光太美，我竟然感觉他们的眼睛在发光，亮晶晶的，透着灵气，像一块块有待打磨的原石，而等待他们的是那无限可能的未来。"崔竹充满深情地回味这个让自己难以忘怀的教育细节。

2019 年开始，电子科大实验附小展开了学科美育的深度研究，确立了学科美育的"九种必备品格"和"十种关键能力"内涵要素，凝练了"形象性、情感性、愉悦性和实践性"的教育教学策略等，从而强化了学科美育的导向性。

二、纯美课堂的体系建构

为切实展开基于学校"四全"美育观的学科美育建设，电子科大实验附小提出以"纯美课堂"和"纯美学堂"进行学科美育体系建设。

2019年，电子科大实验附小开启了以三年为期，分别从纯美学堂模式与方法、教研组功能、学科教学质量、学生综合素养四个方面展开纯美学堂建设的三年行动。

在这三年中，电子科大实验附小每月要进行一次"课程聚力、纯美育人"的学科课程建设推进会，以全面促进学科教学的美育化。

以自研合作、多元联动等研修方式，展开纯美学堂教学理念与标准的研制；学科美育元素表的研制及学科美育教学要求的制定和成果集成；纯美学堂教学设计表的重构及成果集成；纯美学堂教学方法和教学模式的研究；纯美学堂教学评价表及学生能力监测表的研制，等等。

以教研组功能重构行动强化教研组组长的角色，营造学术意识，塑造学术领军人物，提质组内研修模式，让学科美育研究成果转化为学校学科美育资源。在教师全员参与学科研修"选点突破—理论学习—集体备课—课例展评—反思重构—提炼成果—多样汇报"模式中，让教师人人踊跃进行专业研修，并在互为资源、共同成长中，形成美育取向明显的教师集体专业能力，从而促进学科教学质量的提升。

以"纯美学堂"为实施载体，推进阅读滋养、数学素养提升、科学素养提升等智育培养计划，同时实施具有校本特色的"2+1+1+N"纯美育人行动计划，坚持以美为价值引领，实现五育并举，促进学生综合素养全面且个性化提升。

以科学教育质量观为导向，建立"纯美学堂"育人要素、育人模式、育人标准，由教导处、教科室牵头，学科教研组组长共同努力，在原有成果的基础上，针对教学目标的制定、教材内容的处理、教学策略的选择等方面进行更细致、更符合儿童成长规律的研究，深入探索课程实施中的美。

以优势学科领衔，充分挖掘学科美育元素，语、数发挥文化类学科的带头作用，音乐发挥艺体类学科的带头作用，引领学科美育元素表的研制，并基于各学科"课程标准"中对知识模块的划分，细化学校学科课程美育目标中关于审美素养的要求，分知识板块确立学科教学美育要求。

......

这些行动，最终形成了电子科大实验附小学科美育体系。

文化体系：情趣交响，三悦育美。

情趣交响，是指以儿童为主体，通过创设生动有趣的情境，激发儿童对丰富多彩的教学内容产生学习兴趣，采用灵活多变的趣味活动，以层次分明的结构循序渐进触发儿童的真挚情感，以情激趣，以趣动情，是一种师生互相依靠、互相渗透、情趣相融、知能共进的课堂风貌，以其丰富性、层次性、多样性、灵活性的审美化教学境界，给人以欢愉、变幻、和谐的审美体验，引导人更美好地生活！

三悦育美，即悦耳悦目，悦心悦意，悦志悦神。悦耳悦目主要培养人的感知；悦心悦意主要培养人的情感；悦志是对人的意志、毅力、志气的陶冶和培育，悦神是在道德的基础上达到超道德的人生感性境界。纯美课堂实践重在"悦美"。"悦"，包括教学内容的形式美和情感美：对学生来说，用"悦"的心态，感受、欣赏学习对象的美。如感受欣赏语文学科中的语言、情感、意境美，数学知识的简洁、和谐和奇异美，科学学科的形象、创新美，体育学科中的节奏、姿态美，音乐学科中的节奏、声音美，美术学科中的构图、色彩美等。同时也体现在学生徜徉在"悦"的课堂情境中，表现、创造美，将知识传递向知识建构转变，并在知识探究、知识建构的过程中通过美的情感、美的情操浸润、打动、感染、教化学生，使其成为具有美的素养的人，实现人的全面发展。此外，"悦"还体现在教学活动方式的审美，包括教师教学过程中美的设计，师生、生生互动美的交往。

目标体系：发现美、体验美、欣赏美、创造美。

纯美课堂通过开展学科美育视点与教材分析，来突出学科美育价值，强化教师的学科美育意识，并引导课堂教学在"知识与技能"的学习中开始审美发现——发现美，在"过程与方法"的掌握中深化美感体验——体验美，在"情感态度价值观"中升华审美欣赏——欣赏美，在"探究与运用"中实现审美创造——创造美，以此达成"三维目标"。

实践体系："335"育人模式。

纯美课堂的三大理念：尊重儿童主体，强调情趣交融，重视学习体验。

纯美课堂的三大特质体系：好奇，好问，好玩。

纯美课堂五大特征：生本的课堂——尊重；生活的课堂——开放；生态的课堂——和谐；生动的课堂——情趣；生成的课堂——价值。

这些后来被电子科大实验附小称为"335"标准的纯美课堂教学体系，体现了电子科大在纯美课堂教学研究中的努力与用心。

以语文《小鱼的梦》一课为例。

备课时，教师就要从语文美育的要素出发，抓住语文学科中语言、字词、意境、情感等一切美的元素，用这些美的形象，引领学生探索语文的工具之美和人文之美。

从"天上星星落下来，为它盖床珍珠被"等这样充满童真与诗意的语言，从感悟"甜甜的梦"这样柔和、恬美、温馨的意境，从"波、浪"这相同生字构造的形象，从"星星、鱼儿"等这些可爱的形象感受人与自然的和谐，激发学生热爱大自然的情感。

教学中，先从美的形象出发，激发儿童的好奇心。

教师用轻柔优美的语言创设情境，在舒缓美妙的音乐和富有童真的画面情境中，通过语言美、形象美、意境美的深度融合，引导学生进入小鱼的世界，感受小鱼的梦境。

从美的情感入手，引导儿童善思善问。

用好玩的教学活动——趣味挑战展开："生字大白"和"词语小黄人"两个动画人物的形象，使整个课堂充满了童真与童趣，让枯燥的字词教学在学生的挑战中，激发兴趣与热情。学生不仅感受到汉字的独特形象，也培养了他们善于思考、善于提出问题的能力。

创设情境之美，积累审美经验。

在反复品读自己，感受课文韵律美，进而感受富有诗情画意的意境，让学生入景入情，体会环境美、意蕴美和生活美。

这样的教学，就体现了"纯美课堂"的诸多要素，实现了语文学科美育目标。

三、美育蕴藏的精品课例

以"纯美学堂"为学校教学文化的主题凝练,电子科大实验附小进行了大量的课例资源建设,其中既有配合国家课程实施的基于统一教材教学的典型课例,也有基于校本课程创编的"非典型"课例。

英语老师沈茜的 *Spring Festival* 课例属于典型性案例。

课题是 *Spring Festival*,沈茜的设计思路是:以自编绘本 Red 为教学材料,引导孩子们关注新年中红色的民族文化代表物,如鞭炮、对联、红包、家人团聚的笑脸等,凸显"红色"这个文化元素,并通过前置微课,告诉孩子们:年兽害怕红色,红色的事物可以驱赶年兽。并且将课堂教学的主体活动设计重点聚焦在引导孩子们通过观察,感受过年的民俗文化之美和人们对阖家团圆的美好向往上。

基于这样的预设,沈茜老师在教学中,进行了五大审美化教学。

一是"关注人文内涵,温润心灵"。借助红色事物,引导孩子借助图片、文字和教师的讲解,读懂小绘本,并尝试在教师的指导下唱出绘本中改编的小歌谣:

Lanterns are red, red, red, red.

Couplets are red, red, red, red.

Firecrackers are red, red, red, red.

Packets are red, red, red, red.

Candies are red, red, red, red.

Faces are red, red, red, red.

孩子们一边学习绘本,一边通过拍手、跺脚打出欢快的节奏、唱出歌谣,最后配上节奏明快的背景音乐,融合英语与音乐,在演唱中学习知识,激发孩子们对礼乐美、语言美的领会,带给孩子们愉快的学习体验。

二是"关注人文内涵,温润心灵"。在接下来的学习活动中,教师借助新年常见事物，充分激发孩子们对红色的感知，并引导孩子们关注图中一家人红彤彤的笑脸，顺势提出"为什么"的问题，让孩子们在思考中体会过年家人团聚、相亲相爱的内涵价值，强化孩子们对家人之爱的充分感受，从而实现教学的情感目标。

三是"联系生活经验、创新创造生活之美"。在教师提问"What else are red？"时，孩子们通过小组讨论绘制出其他红色的物品。孩子们回家后通过查阅词典，绘制新的一页绘本内容并配上文字。将课堂学习链接生活，激发孩子们在感知美、生成美的体验之后，进行审美创造。学生后来提交的绘本作业画出了自己的家庭和家人，提到了梅花、心、衣服等物品。

四是领略传统文化精髓，体验传统文化之美。由于前置微课简单介绍了年的传说，帮助孩子们初步感知年的来源，明白了"红色"是传统文化中的幸运色，并通过绘本学习，体会新年文化中的精髓即家人团聚，相亲相爱，其乐融融，引发孩子们对传统节日文化的真切感受、体验文化之美，实现了孩子们对中国文化的自信和认同。

五是营造美的环境，展现感染熏陶美育方式。*Spring Festival* 一课中，教师通过具有年味的板书设计和小组评价，营造出了新年的氛围。板书以红色为主色，张贴了一副红色的对联，"couplet"（对联）这个单词也是本课的生词之一。对联中间是一个气泡图，以图片的形式列出了本课所学所有红色的物品。小组评价则是在黑板上贴了四个红包，小组每获得 1 分时，教师则在对应红包中装入一颗红色的新年糖，孩子们课后可以领走红包和新年糖。在这样的氛围下，孩子们的课堂参与十分积极，唤起了孩子们对学习的热爱。

不难看出，挖掘文本蕴藏之美、设计真实审美情境、联系生活真切体验美、聚焦节庆文化升华文化之美，这是电子科大实验附小的纯美学堂典型样态。

可以说，这是一节"纯美课堂"的典型性课例。

而现任学校教科室主任郑环的《三只小猪的真实故事》和王雪的《小老鼠》则是基于儿童文学启蒙课程创编的非典型精品课例。两节课分别在儿童文学联盟活动上进行了展示，《三只小猪的真实故事》课堂实录及点评还发表在了《四川教育》上，其以儿童文学课外阅读资源进行课内审美性阅读教学的探索价值极其丰富。我省语文教学专家刘晓军、余小刚、罗良建、李国惊等，都对课例有较高的评价。

第九章 评价体系的科学建立

一、评价激励的纯美元素

如何鉴定电子科大实验附小学校美育文化大纲的正确性，怎样评价学校美育特色课程的育人效果，什么样的学科课堂教学体现了"纯美学堂"的要素，基于学校美育课程学习之后的孩子发展以什么来评价？

早在为学校编写文化大纲的时候，寇忠泉就已经意识到评价的重要性。尤其是在当时国家还没有专门为中小学美育颁发相关文件的情况下，以什么来确证自己为学校美育特色定义的方向性正确？寇忠泉意识到，自己深厚的美育理论，不足以作为学校美育特色创建的依据。2015年国务院办公厅颁布了《关于全面加强和改进学校美育工作的意义》后，寇忠泉找到了学校美育实践的权威依据，由此也让他对评价有了深刻的认识。

在不断地总结、凝练和创新的过程中，配合学校全面实践美育和建设"纯美课程""纯美学堂"，高质量的学校美育评价体系也必然需要跟进。

确立与学校美育实践相匹配的评价主题词，取义"尚"的"崇尚""追求""向往"语义含义，发挥"美"的"统整"功能，建立"大美育"概念。2020年9月，电子科大实验附小确立"尚美评价"为学校美育评价体系的语义和价值统领。将"尚美评价"指向以大美育为内容的综合、全面的多元评价，重点聚焦学校课程、教师课堂、学生课业，由此构成"学校美育的'三课评价'"体系。

"三课评价"是站在整体的、完整的视角，对学校实现"儿童第一"教育思想、"以美育美"办学特色的学校教育发展全过程的评价。因此，在评价标准设置上，电子科大实验附小的"三课评价"既富含课程评价的基本标准，又指向"纯美"特质，取向对美育要素的内涵突出。具体表现在课程彰显"形象性、情感性、愉悦性和实践性"，课堂要具备"九种必备品格"和"十种关键能力"培养要素。

"三课评价"体系既包括了宏观层面的、承载学校文化的学校课程评价，即"国家课程美育校本化，校本课程美育特色化"评价，又包括了中观层面的、以美育校本化为目标的国家课程课堂教学质量评价，还包括了微观层面的，既指向国家课程标准实现状态又指向学生个性潜能发展状态的学生学科课业评价。

课程评价是对学校各类课程实施与管理的评价，主要从学校层面对课程的全方位评价和家长、学生层面对课程的反馈性评价两方面着手。

课堂评价则是对教师课堂教育教学的全方位评价，主要围绕对于悦美学堂的评价，以"悦美学堂课例评价表"为工具，将学校倡导的"纯美学堂"的生本、生活、生态、生动、生成的"五生"作为课堂评价的过程评价，对教师的课堂教学进行全方位评价。

课业评价是对学生综合素养的评价，其中包含学生评价的五大板块——美，即审美素养；善，即道德品质；慧，即知识能力；健，即体质健康；勤，即实践技能。以此为内容制定相应量表，对学生学业进行多元化主体、多个维度、多种方式的评价，实现学生学习过程、学习结合的全景式评价。

二、"纯美少年"的主体激励

学校教育的核心价值是人的培养。

学校中"人"的主体是学生，小学中则是儿童。"培养"则是一种基于人生命成长的资源供给。

从哲学的视角讲，任何变化都来自两个因素，即内因与外因。

人的成长是一种以时间为线索，以生命体壮大为外在表现，以心智丰富为内在表现的变化。这样的过程，内因依然是主要因素。

学校教育中将内因放大，说到底就是进行主体唤醒。

基于儿童的心理学特征，从评价入手，以激励为手段，在塑造典型过程中，调动全校儿童参与，并在参与过程中，经历自我画像、他人评价、比较评价，完善阶段性内因激励，并在学校不断提供优质教育资源的基础上，再度动态发展。这就是电子科大实验附小举行的"纯美少年"评选活动的价值所在。

定义纯美性质，将评选过程导向儿童向美成长。电子科大实验附小对"纯美儿童"有独特的解读，从理念描述上，将"纯美"分析为"纯净、纯正、纯真"，并以纯净表述心灵，以纯正表述行为，以纯真表述持续的内外表现。在具体评选过程中，以善、慧、健、艺、勤为内容要素，每一要素又分出两类，分别为纯美律动少年、纯美书画少年、纯美运动少年、纯美悦读少年、纯美科创少年、纯美阳光少年、纯美遵规少年、纯美友善少年、纯美勤俭少年、纯美勤劳少年。

实现动态评选，促进儿童参与的热情，使其对评选充满期待。电子科大实验附小每年开展一次"纯美儿童"评选。评选按照个人自荐、班级推荐、年级推荐、校级评选的基本程序，最终由生动的评选活动完成精准评选结果。

坚持过程生动，切实做到评选就是一场美育的目的。学校确定"纯美少年"评选方案，通过班会、广播站、学校官网、微信公众平台、电子显示屏等方式进行海选宣传，让每一位师生及学生家长都知晓此次评比活动，明确评选目的、对象、条件和步骤，并引导大家积极参与评选活动；学生实现自愿申报，将申报类别填入申报表，并在申报表中阐释申报理由，以电子文本形式交班主任汇总；学生自己准备宣传海报、演讲视频等，学校以公众号展示并设计投票系统，进行线上投票；线下演讲进而投票，由班主任组织班级学生及科任老师以民主选举的方式进行初选，每名同学在班上演讲 3 分钟，具体阐述自己的单项事迹，师生投票，确定每一项"纯美少年"1 名参与年级复选；各年级组长组织年级各班的语数外老师组成年级评选小组，以学生演讲 3 分钟、评选小组民主选举的方式推选校级"纯美少年"候选人；以校级公众号展示入围校级候选人的电子版报名表、图片资料（模板见 PPT）、3 分钟视频；乐陪系统最后投票，全校学生在父母的手机乐陪系统上进行投票，对每一类别纯美少年称号，每个学生 ID 最多可绑定 2 个手机，每个手机只能投一票，即每个家庭最多投 2 票；进行 3 天评选结果公示，上报学校党支部，学校党政联席会确认通过，最后获胜者资料在学校电子显示屏公布，在橱窗、校报、官网、公众平台上展示，并在下学期开学典礼上颁发荣誉证书及纪念品。

由于评选设计了具体要素，电子科大实验附小"纯美少年"评选针对性极强，由于评选过程全面活动化，让所有孩子参与其中，并且在这个过程中，不仅参与评选的孩子和最后获胜的孩子会受到一场美育洗礼，更会让所有参与其中的孩子普遍受到教育。

事实上，由评选"纯美少年"的成功举办而促使电子科大实验附小展开了评价的全面探究，即从评选"纯美家长""纯美教师"，到基于学校美育的评价体系的深入探索。

迄今，已经建立了包括"学校美育的'三课评价'""学生美育个性潜能评价及活动""纯美教师评价及活动""纯美家长评价及活动"在内的学校美育"尚美"评价体系。

第十章　五位协同的机制创新

一、家校协同，以育求共

2017年6月9日这天，《成都商报》报道了一则暖新闻：

近日，成都地铁2号线的这样一幕把网友们暖到了——一个小男孩先是主动给带宝宝的阿姨让座，之后妈妈说好困想休息，小男孩就过来用手为妈妈垫着，还帮妈妈背包……

人们争相询问：小男孩是谁？

在这个信息发达的时代，人们很快得知，这个后来被网友戏称为"小暖男"的孩子就是电子科大实验附小二年级四班的冯姓同学。

不少熟知学校的人们纷纷向寇忠泉发去点赞性短信，称赞小男孩的同时，也称赞学校办得成功，称赞寇忠泉教育有方。寇忠泉自然高兴，在他看来，这是学校实践以美育德的结果，也是建立家校协同机制以来，家校合育取得成功的典型案例。

根据多年的教育实践，善于研究的寇忠泉总结出了独特的家校共育"四字经"：知、行、融、育。这个"四字经"实际上是从每一名学生入学开始，家长与学校展开共育的四个步骤：先知道学校的育人理念，建立认同；再进行基于学校育人理念的家教实践；接着融入学校教育活动；最后以自己的专长参与学校教育。

让家长知道学校的育人理念，取得家长对学校文化的认同。在新生入学家长会上，寇忠泉每次都会进行学校办学文化演讲，解答家长对学校育人理念的质疑，并通过典型案例，取得家长的认同。

由于学校办学理念的特色鲜明和不容置疑，几乎每一届家长在开完第一场家长会后，都会知晓学校的教育观念，并且充满激情地表达认同。

接下来，寇忠泉以班级为单位，通过班主任对家长进行家庭美育实践指导，促进家长在家庭教育中，进行美育实践。

为确保家长在家庭教育中与学校美育实践同步，班主任每学期会收集家长家庭教育感悟文章。这项工作，促进了家长在家庭教育过程中，自觉使用学校倡导的发现、倾听、欣赏、激励美育方法。而这些方法的应用，几乎让每一位家长都能够超额完成家庭美育案例实录，并最终编入《与美相遇》的文集中，该文集收录了许多家长在家庭教育中与学校美育同步的故事、案例。这就是寇忠泉家校合育四字经中的"行"。

与此同时，为进一步加强以学校美育为基础的家校协调机制，寇忠泉和学校提出"开门办学""民主办学"的理念，全面推动家长与学校、家长与孩子的关系融合，以亲子活动、家长志愿者融入学校等形式，实现家校关系的进一步"融"。

为取得"融"的实效，电子科大实验附小以四大载体，促进家校融合：

"游戏节"融合家校，陪孩子一起快乐。或以"六一"儿童节为契机，或以"童心约夏"为契机，电子科大实验附小的游戏节都以办成亲子节、家校节、快乐节为宗旨，让孩子能够与学校、与家长、与同学、与教师一起共享快乐时光。

2019年5月31日，电子科大实验附小以"创意美食游戏节，边玩边乐不停歇"为游戏节主题，分年段开展了游戏节活动。其中，一年级、二年级以亲子游戏节为主，孩子们与家长一道，在学校老师的精心组织下，参与了各式各样的闯关游戏，并在自己的游戏卡集齐印章后兑换相应等级奖品。三年级、四年级、五年级则进行家长志愿者参与的美食节，孩子们在家里先请爸爸妈妈教自己做一道拿手好菜，活动当天，在美食街现场，以小组为单位，在家长的陪伴下，一个个摇身变成大厨，家长们直接观察了孩子们的美食操作，不时予以辅助，融入整个活动中。

在校陪孩子，本身就是一种基于学校美育的融入。

"育童论坛"以"论"得"法"，主题导引互动育人方法。以"专家＋家长＋教师"的形式，直面家校共育、家庭教育中存在的问题，通过问题确立主题来邀请专家学者、知名校友、教师和家长，开设系列讲座，启动话题沙龙，讨论研究儿童家庭教育方法，重在以"论"得法。迄今，电子科大实验附小已经开展了"学生生活习惯教育""学生学习习惯培养""学生品格教育专题研讨"等系列论坛、沙龙活动，得到了教师、家长的一致认可。

"童心大舞台"以艺展美，营造文化与艺术的家校关系。"童心大舞台"以"儿童＋家长"的形式，以班为单位，在每月最后一周的周五开展。每期一个主题，每次活动，展示班级全员参与，内容以才艺为主，以之彰显孩子们在学校美育特色课程学习后，在校、家中健康乐学、灵动多彩的成长历程，展示方式既可以是家长与孩子同台，也可以是孩子展示、家长观赏。

"童心大舞台"凝聚了班级全体家长的智慧，汇集了全体家长资源，由全体家长从策划、组织、排练、导演到展示全程参与、全员参与，家长分工合作、互相帮助。一次舞台展示，班级家长会常常要提前二个至三个月开始策划。许多家长利用下班后、周末、寒暑假时间组织孩子排练，有的家长多次请假到校彩排，最终完美呈现在全校师生面前。在这个过程中，家长更能理解老师平时工作的不易，对教师、学校工作更加理解支持；家长、孩子之间的默契度更高，促进亲子和谐交流；师生、家长对舞台艺术的审美能力有效提升，在美的环境中创造美。

从 2016 年"童心大舞台"诞生至今，展现主题涉及"民族文化""感恩励志""时空隧道""中华传统""校园生活"和"文明家风"等，40 余个班级展开过此项活动。以此为平台，不仅促进了孩子们对艺术美的欣赏和创造能力的提升，更在活动中增进了学校、孩子和家长之间的情谊，形成了家校情感联系的纽带。

电子科大实验附小曾经出现过这样的现象：有孩子生病请假住院，却在放学后的"童心大舞台"展示时间，带病赶到学校观看。而一些孩子因为参加其他活动，不能到现场观看大舞台，在完成其他活动后，孩子哭了很久。

可以说，"童心大舞台"既是孩子们一个时期在学校美育熏染下的成果展示，也是家校融合的重要纽带。

"家长志愿者"招募，让学校教育有家长的身影。在建立健全三级家委会的基础上，为进一步促进家校共育，电子科大实验附小还成立了学校"家长理事会"，下设五个机构，分别为"美育微课助教部""育童论坛征集部""家校和谐共育部""学生安全督导部""后勤志愿服务部"，从家校组织建设上，加强家校共融机制。此外，为进一步调动家长参与融入学校教育的热情，充分精准利用家长资源，电子科大实验附小以班级为单位，招募"家长志愿者"，通过征集、申请、填表、评议、公示等程序，建立"家长志愿者"队伍。在此基础上，学校根据开展的美育活动项目的实际情况，依据家长志愿者填报表格情况，精准选择家长志愿者参与，使相关美育活动项目有家长在场，有效地提高了家校融合质量。

按照寇忠泉的说法，尽管"家长志愿者"已经呈现了一种积极性、自愿性，但依然还是家校融合之"融"。"融"还存在被动关系，只有到学校具体参与教育，才真正能够实现家校共育状态。所以，家校共育的最高境界是"育"。

那么，电子科大实验附小怎样促进家长在学校中"育"呢？

电子科大实验附小别出心裁，建立了家长"美育工作坊"。

家长"美育工作坊"是在家长志愿者申请后，根据家长自身情况和自愿，进一步细化家长志愿者融入学校教育工作的类别，在自愿承担学校校本课程意愿的基础上，成立"家长助教工作室"。工作室帮助家长依据专业专长，自主开发"美育微课"，在提交"美育微课"方案、征得学校同意、排定实施时间后，有序展开。

开课之前，学校会于校门处进行微课内容及授课者的海报宣传，增加美育微课的知晓度；开展过程中，会有班主任老师和微课助教部家长进行课堂组织和协助，并拍照留用；微课结束后，由授课人或班级学生进行美育微课的新闻撰写，并发布在学校的微信公众平台上，供大家赏阅。

家长"美育微课"以社团微课、班级微课、年级微课和校级微课等形式开展，不以知识点或技能的掌握为目的，而以培养学生学习兴趣和拓展学习视野为目的，以"浸润、熏陶、体验、激趣"为策略，实现开阔学生视野、丰富学生情感、激发学生兴趣的目标。

一年级（7）班同学余×霖的爸爸本来是一名少儿英语教师，有在国外留学六年的经历。为了给自己孩子所在班级做"美育微课"，余×霖爸爸仔细研读了学校学科美育案例，以自己的专长，为儿子班级开设了"英语趣味小课堂"。教学时，他将歌曲、游戏融入课堂，不仅促进了儿童学习音乐的趣味性，还体现了学校倡导的英语学科教学审美化。

自 2015 年起，由家长直接到学校课堂进行"育"的"美育微课"，已开展了生活技能类、科学创新类、艺术文化类等美育微课 160 余节，深受学生欢迎。很多孩子看到自己的爸爸妈妈在自己学校和自己的班级里给同学们上课，那种自信与阳光、那种自豪与幸福，自然萌发，且持续长久。更多的孩子在美育微课上，对学校课程以外的学习充满了浓厚的兴趣。2016 级（2）班邵奕辰学了《有趣的物理实验》一课后感悟道："在现场演示的时候，每每实验成功，所有的小伙伴们都发出"哇呀"的惊叹声，原来科学是来源于生活，又回归于生活的，生活中科学无处不在。我们要善于观察、善于发现、善于提问，然后通过广泛阅读，最终才能学会和应用更多的科学知识。"

而家长也对自己开发的"美育微课"进行了精心准备，2016 级（1）班岳帅祯同学的爸爸在谈到为孩子们准备《讲述强军史传递爱国情》前的构想时，有这样的感言："我希望通过对中国人民解放军辉煌历程的简介，帮助孩子们了解军队职能，增强孩子们的国防意识，弘扬爱国主义，培育家国情怀。"

在 2019 年出版的学校"美育微课"成果集《见微知著》一书中，寇忠泉写下了《谢谢你，和我们一起点亮孩子的课堂》的序言。寇忠泉真实地描述了家长"美育微课"的生动情境："有些全职妈妈，把厨房搬进了教室，做起了包子、饺子，搬来烤箱，手把手教烘焙；有些大学教授，对自己研究领域甚是精通，便试图把自己擅长的领域深入浅出地为孩子们娓娓道来……"由此，电子科大实验附小将学校美育的触角延伸到家庭文化之美。

《见微知著》印出后，电子科大实验附小尝试将这些优秀的家校美育共享课程资源循环使用，以增大家校美育微课在学生群体中的受益面，对现有的 160 多节美育微课按内容分类后，结合"童心灿烂四季文化节"的活动开展，分月、分主题在其他各班进行循环排课，孩子们每年只需要在其他班级重复上一次微课，就能陆续学完这些课。

二、校区协同，以融求共

重视学校身处成都市高科技密集区的地域环境特征，充分整合社区教育资源，不断拓展学生学习空间，提高学校美育品牌质量，电子科大实验附小加大学校与社区共建力度，不断增进社区融合活力，体现出"以融求共"的校区协调特点。

基于校区协调共建目标、建成学习型社会共同愿景，电子科大实验附小牢固树立校区共建的认识，加大学校办学的开放程度和开放办学多元化，突出学校办学文化特色，积极主动与社区建立美育实践共建共识，完善校区共建机制，开通社区共建通道，扎牢校区共建基础。

为进一步提升校区共建质量，电子科大实验附小积极探索校区共建创新模式，最大限度整合育人资源，从共建双主体关系出发，研制了"展—引""引—展"双循环交互模式，实现了校区协调融合的最优化。

以"社区寻美"为主题活动，向社区群众、单位展示学校办学理念、育人效果、学生德行，电子科大实验附小先后在所在地合作街道相关部门带领下，到顺江助老中心、顺江小区福怡敬老院、成都高新区和众文化发展中心及西源大地幼儿园、成都市消防十四中队等，或慰问老人，或结伴幼儿园小朋友，或参观社区精神文明建设。每到一处，孩子们都会即兴展演才艺，把学校的美育成果展示到社区，使学校文化形成一种潜移默化的社区口碑。

2017年10月27日下午放学后，电子科大实验附小四年级（1）班的孩子们在家委会的组织和社区工作人员的带领下，来到顺江小区福怡敬老院看望爷爷奶奶们，和他们共度"重阳节"，以此来传递爱心，关爱老人，感恩社会。

在班主任齐秦老师的带领下，同学们都"争先恐后"地"抢"着和爷爷奶奶聊天。有的给爷爷奶奶喂蛋糕吃，有的给爷爷奶奶讲故事听，还有的拉着爷爷奶奶嘘寒问暖，聊起天来手舞足蹈，欢快不已……

刘鸿儒、李林原、黄小珏、石钰妍4位同学还为老人们表演了一段快板《小学生行为规范之歌》，老人们听得津津有味。

慰问结束时，全班孩子演唱了展现学校办学理念及特色的《童心之歌》。通过欢快活泼的歌声，将学校良好的办学形象展示给老人们，得到老人们的一致称赞。此项活动在街道和社区引起了很大反响。

2019年2月11日是中国传统的元宵节，电子科大实验附小二年级（3）班的孩子们来到顺江助老中心慰问老人，给他们送去节日祝福。活动中，孩子们为老人们表演了诗朗诵《七律·长征》、歌曲《五星红旗》《童心之歌》和舞蹈探戈等节目。"这么小的娃娃能够表演《七律·长征》，真是不简单！"这句发自老人们内心的赞扬，充分肯定了电子科大实验附小在校区共建中，将学校办学质量"展"出的成果。

以"引美社区"为主题活动，引入优秀党员、知名人士、劳模、特殊单位等教育资源，助力学校办学理念、育人效果、学生德行，电子科大实验附小先后引入天骄西路社区和希望社区共同承办的"其实我很好"心理健康团体辅导，合作街道办事处举办的专题教育"拒绝垃圾食品，从我做起"，合作街道、天骄西路社区和高新区希望社区中心举办的"崇尚科学反对邪教争做阳光青年"主题教育，成都市高新区关工委举办的《趣味海洋》等教育资源。这些教育资源的引入填补了学校相关美育资源的不足，最大限度地丰富了学校教育内容。

2018年11月15日，学校引入合作街道办事处举办的"珍爱生命，远离毒品"青少年毒品预防教育资源，针对小学生的认知和学习特点，采取互动体验式课堂教学法，透过禁毒科普动漫视频、角色模拟训练及互动问答等方式，向孩子们讲授识别毒品及其危害的知识、拒绝毒品的技能。这场教育活动，充分体现了街道办相关教育资源的生动性和方法性，培训师培训方式的专业性，让孩子们以审美进行审丑，取得了积极效果，同时丰富了学校美育内容。

特别是在"你说我没种，我依然不会吸毒""反毒八招"等面对毒品诱惑的拒绝技巧训练环节，学生们积极参与，纷纷说出自己如何拒绝毒品诱惑。孩子们真切地感受到"今天的课很有收获，我会把拒绝毒品的技巧教给我的小伙伴们，让身边的人远离毒品，拒绝毒品"。最后，大家纷纷伸出右手，摆出拒绝毒品的手势，展示了青少年远离毒品、积极向上的生活态度。此次活动，进一步提高了学生识毒、防毒、拒毒和共筑禁毒防线的意识，增强了青少年主动参与禁毒宣传工作的积极性。

正是有了学校的"展—引"，相应引导社区与学校共建的主动性，社区则以"引—展"的方式，再度与学校形成共融关系。

基于校区学习型社区文化共建，引入学校优质资源，合作社区相应将电子科大教育品牌引入社区。

2017年4月22日，天骄西路社区为激发社区党建活力，组织了社区"共建杯"气排球比赛，电子科大实验附小参加。学校党支部以党员教师为基础，组建了参赛队伍，提出了以党建精神彰显团结奋进、顽强拼搏、力争上游的竞技精神和热爱生活、积极向上、张弛有度的团队风采，最终以第一名的成绩赢得了社区球队的认同，进一步加强了校区之间的情感联系。

以此为基础，学校不断加强校区之间的融合，社区也相应在其需要展示、营造氛围的各种活动中，引入学校资源，切实丰富了社区活动资源。

打破学校围墙，充分利用社区各种资源，让儿童直接感受和学习来自社会最真实的经验和认识，广泛深入地对学生进行多途径、多方式的有针对性的思想道德教育。学校为了让孩子们走向社会实践，开展社会调查研究，提高综合素质，加强资源整合与共享，与社区积极开发自身资源，促进资源融合，推动了学习型社区建设的氛围形成，提升了学校在社会上的形象，建立了互相补充、互相促进的校区共融的协同机制。学校先后向社区聘请法律、安全、卫生等方面的校外辅导员，社区也积极在校外环境建设、文明家庭评选等多个方面，与学校形成牢固的协同关系，将学校美育成果延伸到社会之美。

三、校企协同，以享求共

学校为企业提供教育资源，企业以科技丰富学校教育资源，着眼于学校辐射企业分布，着力于新型校企关系建设，电子科大实验附小加强校企协同，以共享促共建，以共享固协同。

从以优质的教育质量吸引企业职工子女就读入手，以家长志愿者申报为契机，电子科大实验附小以家校共育机制先行校企基础传播学校口碑，主动伸出校企协同之手，不断吸引企业对学校办学文化的熟悉与认同，以此为基础，逐渐引入企业教育资源，构建校企协同机制。

以家长"美育微课"为载体，先后吸引京东方、微软、华为、富士康等企业工程师、高管来校授课，为学生直接打开现代科技产品、科学技术发展、现代企业管理等视野。迄今，由京东方、微软、华为、富士康等企业工程师、高管为学生授课 100 余节，内容涉及生活、非遗、计量、微软、建筑装饰材料、化妆品、自然现象、机械、乐高机器人、材料加工、轨道交通等诸多领域。

这些或担任企业高管、或拥有核心技术的家长，会基于自己企业实际，从贴近儿童生活的角度出发，用他们专业之长，选择孩子们能够理解的方式，进行让孩子们感受科学之美、生活之美的教育。

充分利用家长资源，将企业教育资源引入"美育微课"。2018 年 10 月 25 日，2018 级（6）班的孩子们午餐归来，见到正忙碌在多媒体讲台上的背影，纷纷惊呼："这是谁呀？"

见孩子们走进了教室，徐徐转过的身影双手稍举，微微按下，面带微笑，如春风般问候："孩子们好！现在，你们可以称呼我——袁老师，知道我是谁吗？"

见到真容的孩子们异口同声地回答："知道，你是袁妙涵的爸爸，今天给我们上燃气安全知识的课。"

……

这位"袁老师"来自成都燃气集团安全技术部，负责燃气信息安全。"袁老师"精通计算机各种图形软件、熟悉城市燃气的各种知识。

本次家长"美育微课"，他为孩子们讲的是《儿童燃气安全知识》。

基于对自己孩子接受能力和喜欢方式的了解，袁爸爸特别创新制作了《润仔讲燃气》动画片和《润仔讲燃气》儿童燃气安全绘本。通过卡通动漫的形式，把复杂的概念简单化、抽象的东西通俗化，让孩子们能更好地理解。

7 分 30 秒的动画片《润仔讲燃气》，让孩子们对天然气有了一定理解，激发了孩子们强烈的好奇心。袁爸爸顺势带领孩子们进入提问环节，结合动画片出示燃气知识问答，孩子们欢呼雀跃，十分兴奋。袁爸爸最后总结了燃气小知识，如天然气的气味类似臭鸡蛋，一旦嗅到，就要检查是否泄漏；发现家中有天然气味，应立刻打开门窗，关闭天然气阀门；不能在燃气设施上玩耍、晾晒衣物、放置重物、电缆线等。并赠送了《润仔讲燃气》儿童燃气安全绘本。

为加强扩大校区协同范畴，充分开发企业教育资源，电子科大实验附小以"共享科技园"建设，促进校企协同机制健康发展，先后与富士康、京东方建立了校企实践基地，并结合学校综合实践课程，将学校育美课程开到企业。

在区域内著名企业开展综合实践活动，2019 年 5 月 10 日，三年级（2）班开展"走进京东方企业，体验劳动创造美好生活"的综合实践活动。

在成都京东方，38 双好奇的眼睛紧紧盯着前方进行讲解的小哥哥、小姐姐，生怕错过精彩的内容。从怀着好奇了解京东方的历史，到真切观赏京东方最新的柔性产品，再到体验科技给生活带来的便捷，整个活动通过参观产品展厅、聆听筑梦课堂讲解、畅想未来显示等环节，孩子们或全场静谧，或啧啧称奇，或全心体验，不仅普及了科技创新知识，还在描述、绘制、设计、制作模型手机的过程中，充分展现自己非凡的想象力与创新意识，对于凝成科学素养和开发动手能力，是一场真实发生的科技学习之旅。

延伸区外企业，以行代教，感受汽车文化。2020年3月13日，电子科大实验附小二年级（4）班的孩子们在老师的带领下来到了位于金牛区蜀西路161号的上汽大众西蒙汽车4S店进行参观。孩子们在展厅观看了精品配件和上汽大众的背景墙，认真倾听工作人员讲解上汽大众的历史和由来，并积极踊跃向工作人员提出各种问题。随后，4S店工作人员带领同学们来到展厅中间，参观整个展厅内最大的一辆SUV——途昂，介绍了汽车的基础知识，了解了汽车安全座椅及乘坐汽车的安全知识，接触了新能源汽车，体验了低碳环保出行的优势……在进行体验的过程中，孩子们纷纷以快乐踊跃的自然表露，表达体验过程中的感受和由此生发的想象。

增进生活的感知。2019年10月17日，电子科大实验附小2017级（4）班孩子们，来到成都市旺旺集团，与自己生活中密切相关的食品工厂来了一次"零距离"接触。

旺旺食品生产企业的工作人员不仅带领孩子们对食品生产线进行了实境参观，介绍了食品的制作流程及制作规范，让孩子们"零距离"了解了这些食品的生产过程，切实体会到旺旺集团对食品安全的高标准、严要求，还在参观结束后，精心为孩子们准备了各种小食品。在分享小食品同时，企业代表与孩子们就参观中发现的相关问题进行了交流互动，大家踊跃发言提问，企业代表逐一细致解答……孩子们获得了关于食品生产的丰富多彩的体验。

这些有益的企业之旅，让孩子们感受到科学之美、生活之美，受到了文明礼仪、热爱生活、安全等多元教育。

四、校际协同，以建求共

基于得天独厚的地理环境优势，整合区域内电子科技大学、川大锦城学院、西华大学等高校资源，以及电子科技大学实验中学、电子科大附属幼儿园不同学段学校资源，电子科大实验附小通过整合、共享校校资源，建立校际协调机制，在教育观念、课程创新上展开联动，以满足学生发展需要，完善学校美育特色实践。

电子科大实验附小在校际协同建设上凝练了"引""见""建"校校协同"三字经"，突出以"建"求"共"，不断开发促进儿童全面发展的学校美育空间。

引入大学高端人力资源，取义"美育微课"成功实践，在学校开设"博士工作站"，电子科大实验附小与各大学建立助学型协调机制，一批国家级专家带领团队在电子科大实验附小建立了工作站，在人工智能、大数据分析、3D打印、数字编程等方面，为学生校本课程的学习，插上了科学的翅膀。

2018年11月20日，"博士工作站"教授电子科技大学计算机学院谢宁教授带领他的研究生团队罗适、杜云飞为电子科大实验附小的孩子们带来了为期两天的"聚焦人工智能·探索未来教育"的科普学习体验。

活动中，孩子们对VR虚拟现实、VR眼镜、AR技术及其应用、AI人工智能有了真切的认识和体验，引发了孩子们对人工智能和科技的探索兴趣，同时激发了孩子们"学好基础课才有机会进入高新技术殿堂"的学习动力和学习热情。

见识来源于见"实"。为促进学生对科技之美的真切感受、增长学生见识，电子科大实验附小还利用校校共建机会，借力大学平台资源开展学校社会实践活动课程，在电子科大博物馆、艺术中心，西南交通大学分院轨道交通实验室，西华大学机械研究中心等，进行实地学习，获得真切体验，感受科技之美，打开科技之门，张开想象之翼，给予学校动力。

2017年4月28日，川大锦城学院。

二年级（2）班贾璟濠的妈妈与川大锦城学院创客空间团队，又为电子科大实验附小的孩子们带来一场难忘的科技体验之旅。

四川大学锦城学院创客空间团队是一支 6 人团队，曾经参加四川省大学生机器人大赛并荣获一等奖，参与完成了成都市熊猫基地智能导游系统的开发，现在重点朝智能小车、无人机、3D 打印、安卓系统、系统编程等方向展开研究。

四川大学锦城学院创客空间团队以科普动画、科技作品演示和 PPT 讲解，以及现场互动三个部分与孩子们进行了真切的科技交流，让孩子们真切体验到电子信息科学技术的发展趋势，以及自动识别人脸开门技术、3D 打印机原理、无人机操控技术原理、超声波小车运行原理等，孩子们的惊叹声此起彼伏，引发了热烈互动。

建设互动性校际关系，凝成共建型协调机制，为促进校校协调常态化、学生体验多元化、美育教育实践化，电子科大实验附小先后与电子科大、川大锦城学院、西华大学、电子科大实验中学等共建实践基地，以共建凝聚校外学校资源，以基地建设实现美育资源的丰富与优化。

尾声　让生命沐浴美的阳光

一、生命成长的集美行远

电子科大实验附小充分领会在新时代教育高质量发展的背景下，学校教育的创新作为，突出"以美育人"的价值深化，并以建设高质量小学美育体系为责任担当，努力在唤醒儿童主体意识的基础上，建设文化、课程、课堂、机制、评价五个维度的美育体系，使学校美育实践能够成为独特性强、可操作性强、推广性强的学校美育整体实验案例。这份精神和实践能力，无不昭示着学校办学的主动性、实践的生动性、成果的优异性。

在这样的学校，孩子们成长得快乐、美好、生动。

在这样的学校，教师们发展得尊严、幸福、快捷。

一切生命成长，都在沐浴美的阳光之后，绽放得生动与美好。

"只要耐心等待，花儿就一定会悄然绽放，芳香四溢，那时候的我们就一定能看到破茧成蝶的蝶变之美，一定会听到花开时的奇妙声音。"这是电子科大实验附小一名教师对学校美育实践的真切感言。

应该说，这句话本身就代表了一种美育立场。

静待花开，并非等待花树的自然生长，美育为春雨，美育如阳光，这才是生命体集美行远的本真。

每一个孩子都喜欢从启蒙老师身上去寻美。

在 2017 级（4）班张田馨的眼里，班主任甘老师就是自己"美的引领者"。张田馨入学第一天开始，就从甘老师慈爱的眼睛、素雅的衣着、温柔的声音中，感受到一种甜美的力量。

张田馨性格外向、喜欢说话，课堂上总是在甘老师"认真听课、专心做事的孩子最美"的提示中，集中注意力，并逐渐改掉了这些不好的习惯。

在甘老师"坚持每天读书、练字的孩子最美"的激励下，如今才三年级的张田馨硬笔书法已经小有成就，并且每天都会坚持做"两个 10 分钟"，就是读书 10 分钟、练字 10 分钟。

2015 级（1）班向奕帆则在老师呵护自己生命成长的每一个细节中，感受到学校美育的力量。

曾经在 2016 年全国语文朗读比赛中进入全国决赛的他，回校后要为全校老师和同学分享朗读成果。

当向奕帆走上台时，竟然有些紧张，以至于在朗读到"假如我有一支神笔……"时，突然忘了下句。向奕帆通红的脸被离他最近的杨老师看到了，杨老师用手势比画着自己的身体，向奕帆马上明白过来，迅速接上"我会给生病的西西画一个健康的身体……"

在向奕帆看来，这是自己的老师"一个手势的美"。

有一双欣赏美的眼睛，本身就是电子科大实验附小倡导的美育的最大的成果。这种欣赏美的眼光，不仅能够发现学校蕴藏的美，还能发现生活中的美，并且能够进行审美判断。

2015 级刘旭经历过坐公交车自己让座的故事，本来这就是一个普通的孩子把公共资源谦让给老爷爷的故事。但刘旭却从老爷爷"苍老的声音"中感受到"还真有点'可爱'"，在众多孩子讲的美育故事里，寇忠泉特别欣赏这个故事。

因为，学会欣赏，本身就是美育的一项重要内容。

当然，孩子们在真切体会到学校以美育对他们进行的浸润的同时，也在意学校开展的各种美育活动。

2016 级（4）班的徐铄霖从学校开设的"美育微课"中感受到许多知识之美。更重要的是，当他欣赏了自己同学陈奕天上的《十万个为什么之军事》、袁楷瑞上的《远古生物大解密》、黎佳萌妈妈上的《世界各国旅游》等微课时，他在"很开心"的校园生活中，感受到自己有很多理想需要努力去完成。

对于成长中的孩子来讲，感受到班集体的温暖尤其重要，因为，这将奠定他未来对社会之美的感知基础。

2015 级（2）班盛景涵有一次参加学校开展的"有轨电车"的游戏活动。这个活动需要 6 个同学一组，由于活动前准备充分，大家想好了怎样协调步伐，在比赛时果然获得了胜利。盛景涵由此感慨"团结和谐是一种力量的美"，并且推及当矛盾发生时，自己该如何用美来协调各种关系。

至于尊老爱幼、遵守规则、热爱祖国、热爱劳动、热爱动物、热爱自然……这些道德之美以及生活之美、科学之美、人际之美无不在电子科大实验附小种下了审美的种子，必将绽开美育之花。

二、学校带动的家庭美育

建立家校协同机制，并非只是资源引入。学校教育资源引入家庭，形成美育共融，才是电子科大实验附小美育协同的基本视点。

在学校进行美育实践的同时，电子科大实验附小在让家长认同学校美育的基础上，倡导并指导家长在家庭教育中协同美育。

2017 级唐嘉敏的妈妈田敏在第一次听到寇校长讲美育这个词语时，完全不知道"是什么"，关键是自己怎么配合学校美育呢？

一时间，田敏感觉有些茫然。

随着对学校老师的教育方法一点一滴的理解，并且在不断请教学校老师的基础上，田敏感觉，美无处不在，美育也就"渗透在日常生活中的点点滴滴中"。

春天到来，田敏会带着孩子去农村感受大自然的美，让孩子看春柳的嫩黄、小草的浅露、山花的缤纷、小蝌蚪的成长经历、蚕宝宝的臃肿蕴丝……沐浴春光的孩子快乐、欣赏、赞叹……在田敏看来，这些美的表达，会为孩子奠定向美成长的基础。

夏天到来的时候，还是亲子郊游。不过，田敏会结合时令和孩子成长的特点，与孩子一起在荷塘边吟咏"小荷才露尖尖角，早有蜻蜓立上头"，再加上"鱼戏莲叶间"的真切感知和体验，或者在雨过天晴的时候，和孩子一起寻找彩虹。而若是端午，还会来到赛龙舟的江边，和孩子一起感受屈原的爱国之情。在田敏看来，自然与文化之美是孩子取之不竭的向美生长的源头活水。

秋天到来时，亲子之游成为驴友之游。田敏会和孩子一起通过拍摄，感受自然之美、生活之美、成果之美，当然，也会为这些作品配上诸如"独在异乡为异客，每逢佳节倍思亲"的诗句。

冬天来了，田敏会带着孩子吟诵赞美梅花的诗句，欣赏梅花的高洁，感受旷野的寂静，唱起《过年歌》……就这样，孩子在家庭延展的审美环境中，逐渐接触各种美的资源，获得多元审美感受，升华审美情感，提升审美素养。

按照寇忠泉的说法，田敏这种亲自同感自然之美、社会之美、文化之美、生活之美，本身就是对学校美育的协同，可贵的是其中渗透了虽然简单却自然渗透的有效方法。

2017级（2）班贾淳然的妈妈通过对学校文化的不断熟悉和孩子进入学校后的不断变化，感觉孩子进入了一个自己希望的理想学校。对学校，她显然也乐意配合其所倡导的家庭教育协同美育。

但是，怎样在家庭中协同呢？

一个寒秋的周日，刚刚从睡梦中睁开眼的贾淳然发现爸爸刚收到一个很卡通的纸盒。贾淳然把玩了一会儿，突然说，这个盒子可以给流浪猫做一个温馨的家。

天天接送孩子的贾淳然妈妈知道，儿子每天上学大多会遇到一只睡在停车场的流浪猫，儿子甚至还给猫取了一个有趣的名字——"小张猫"。

贾淳然妈妈听到儿子的自言自语，立即表示赞同。

可是，儿子不会做啊。

贾淳然妈妈告诉儿子，这样的事情爸爸妈妈都愿意帮助他。贾淳然雀跃起来，一边指挥爸爸"剪洞"和"粘贴"，一边指挥妈妈"找猫睡觉的垫子"，贾淳然自己则拿起画笔，为这个猫窝画画。

就这样，一家人各司其职。

贾淳然妈妈发现，孩子表现出专注、用心，而且在她看来，孩子眼睛里"有一种闪闪的、可以带来温暖的东西"。

据寇忠泉介绍，电子科大实验附小很多家长从溺爱到欣赏，从满足孩子要求到亲自陪伴，从与孩子共同制定美善约定到参与学校美育活动，家长们已经卷入以学校为实施主体的美育"大家庭"，由此电子科大实验附小孩子们的主要学习生活环境都充满美育氛围，尚美之风，弥漫家庭，美善之举，处处可见。

三、以美铸就的师德之基

以美育美，必先置美。

因此，电子科大实验附小6年来的学校"四全"美育实践发展的绝不只是学生，所有教师都在岁月积攒的美育实践活动中，构筑学校美育城堡，以此厚实师者之美，铸就师魂之基。

黄明霞和林慧娟代表着两类教师的师者美行。

曾经在省第八届语文教师赛课中获得一等奖，有着达州市语文学科带头人、国家级普通话测试员实力的黄明霞，来到电子科大实验附小之后，有这样的感慨："在科大实验附小，这所生机勃发的校园，贴地而行，以'孩子生命中最重要的他人'激励、唤醒、鼓舞，与孩子一起，捡拾文字的灵动，畅游文学的美好，在清水河畔、银杏树下，牵手闪闪发光的童心，与孩子们纯美的童年，来一场终身的守望！"

在同事曾庆红眼里，黄明霞语气很平和，"再加上她标志性的微笑，真的有种春风和煦的感觉，让人心安"。2018年9月，学校来了一位新教师，她来的第一天晚上，在走廊打电话时不时擦拭眼角。曾庆红发现后，问她原因，新教师当时没说。后来才知道，这位新教师原来是黄明霞曾经教过的小学学生，第一天来的时候知道自己要跟自己当年的老师做同事，心里特别激动，所以打电话告诉妈妈："你不知道，小时候我们（指与黄明霞）有多好！我其实是激动，是高兴啊！"

作为办公室主任的黄明霞，以谦和温润之美给同事树立关系和谐的典范，也给家长和孩子们留下了诚恳公正的魅力印象。

2015级（2）班虞格恩在幼儿园就不善于在公众场合发言，但在一般场合话又特别多，拿虞格恩妈妈的话来说，就是"上不得台面"。金迦南很多时候都表现出对孩子缺乏信心。黄明霞不仅在课堂上经常以鼓励的眼神，多让虞格恩发言，更是在多次与金迦南的交流中，帮助金迦南建立对孩子的信心。

如今，虞格恩进步很大，不时还会给金迦南惊喜。

黄明霞不仅以自己娴熟的美育方式施教，更以自己高尚的人品，成为一种美育资源。

一个周三的下午最后一节课，原本是学校校本课程时间，因为临时调课，黄明霞只得来班上上语文课。孩子们心里不服，大声陈述意见。为了顺利组织教学，黄明霞反复几次要大家安静，但依然有三个男生大声吵闹，搞得没法上课，黄明霞只得让这三个男生到讲台旁站着听课。

让全班孩子没想到的是，第二天，黄明霞来到教室，第一件事就是当着全班孩子给那三个在讲台旁听课的孩子道歉。这件事给全班孩子的震动很大，许多孩子都自责起来，黄明霞依然面带微笑给孩子们继续上课……

林慧娟是一位新教师，三年前入职学校接手了一年级（9）班。三年来，林老师扎实学习美育理论，坚定实践学校美育，从欣赏孩子到激励孩子，从耐心交流到以美育手段引发孩子在美的体验中实现内化，从解读学科美育内容到以美的方式呈现教学过程……林慧娟依稀记得，一年级报名那天，哭鼻子的浚熙、安静的沫沫、自信的乔乔、天真烂漫的月月、彬彬有礼的恩哲……如今依然是美育滋养下优秀的"科科娃"了。

这三年，有过让林老师伤透脑筋的事，有过让林老师开怀大笑的事，有过让林老师叹气沮丧的事，也有过让林老师深感自豪的事……"这个班的家长很给力！他们尊重我这个新老师，理解我作为班主任的辛苦，配合我所安排的工作，感谢他们的支持和帮助！"

新学年开始的时候，林慧娟向每一个孩子表达了自己的祝愿。

三年的美育实践，不仅让孩子们不断成长，林慧娟自己也在沐浴美的阳光中，成为让孩子们爱戴、让家长信赖的好教师。而林慧娟也对未来充满美好期待，"我知道他们会再给我一个不一样的（9）班"！

是的，在电子科大实验附小，"以美育美"已然如春花般绽放，相信未来，学校美育成果必定更加辉煌！

附录 电子科大实验附小纯美教育探索大事记

一、2000年7月—2004年7月道德欣赏的纯美教育探索历程

2000年7月—2004年7月，寇忠泉任成都高新实验小学音乐教师、德育主任，并获得高新区德育优秀工作者称号；

2000年8月，学校《小学班级管理中培养学生责任感》课题研究成果显著，被高新区教研室表彰；

2000年10月，学校学生管乐队荣获高新区首届学生艺术节管乐表演一等奖；

2000年10月，学校学生合唱团荣获高新区首届学生艺术节合唱表演一等奖；

2001年6月，学校学生管乐团参加高新区比赛并获得第一名；

2001年9月，学校学生舞蹈队荣获高新区第二届艺术节集体舞比赛一等奖；

2001年10月，全国少工委授予"全国红旗大队"荣誉称号；

2001年10月，四川省科协对学校科技教育活动进行实地考察；

2001年10月，寇忠泉受邀参加成都市第四届少先队代表大会；

2001年10月，成都市团委邀请学校"红领巾管乐队"代表学校为成都市第四届少先队代表大会表演；

2001年11月，共青团市委和成都市少工委授予高新实验小学"红领巾示范学校"荣誉称号；

2001年12月，学校少先队活动优秀做法和开展情况在国家级队刊《中国少年儿童》上报道；

2001年12月，四川省团委队刊《少年时代》报道高新实验小学以"三文明教育"为主题的"学生形象工程"建设活动；

2001年12月，成都电视台《天府娃娃舰队》栏目到校录制学校少先队活动专题"美的旅行"；

2002 年 1 月 27 日，学校开展全校"学生形象建设工程"活动，效果很好；

2002 年 9 月，学校代表队参加"庐州杯"全国万人健美操比赛获得四川省一等奖；

2002 年 9 月，德育主任寇忠泉牵头撰写《学校德育评价研究方案》；

2003 年 1 月，德育主任寇忠泉牵头撰写《追求道德教育的个性化》工作总结；

2004 年 5 月，中国教育学会授予高新实验小学"艺术教育特色单位"荣誉称号。

二、2004 年 7 月—2008 年 7 月儿童文学的纯美教育探索历程

2004 年 7 月—2008 年 7 月，寇忠泉在成都高新实验小学新北校区任教，以高新实验小学副校长职务担任新北校区执行校长，着力推行儿童文学纯美教育探索；

2004 年 6 月，学校承办四川省第 55 届双十佳表彰会，荣获参会嘉宾一致好评；

2006 年 3 月，寇忠泉主持撰写教育部"十一五"规划课题——"新课程改革与校园文学研究"子课题：儿童文学启蒙校本课程研究开题报告；

2006 年 6 月，寇忠泉主持撰写"儿童文学启蒙课"校本课程研究实施方案；

2006 年 9 月，寇忠泉主持撰写《儿童文学启蒙课》大纲；

2006 年 11 月，学校参加第 21 届四川省青少年科技创新大赛开幕式；

2007 年 3 月，学校被北京师范大学授予"生命教育实验学校"称号；

2008 年 6 月，寇忠泉主持召开学校儿童文学启蒙校本课程研究总结会；

2008 年 10 月，学校运动队参加高新区第六届中小学生运动会获团体总分第一名；

2008 年，学校被评为"全国德育管理先进学校"；

2008 年，学校国际数棋代表队荣获四川省团体总分第一名；

2008 年，学校被评为"成都市科技活动基点学校"。

三、2008年7月—2014年7月民族音乐的纯美教育探索历程

2008年7月—2014年7月，寇忠泉任成都市高新实验小学音乐教师、副校长（2004年7月—2014年7月），荣获成都市德育优秀工作者称号（2013年），践行民族音乐纯美教育探索；

2009年6月，寇忠泉荣获四川省中小学课堂器乐（课题）教学研讨会一等奖；

2010年3月，寇忠泉的《学校少先队工作目标管理系统化实践研究》荣获四川省人民政府第四届普教教育教学成果三等奖；

2010年10月，寇忠泉荣获"四川省第八届中小学音乐课评比"优秀指导教师奖；

2011年2月，寇忠泉撰写的论文《一问一课一法一文》发表在《中小学音乐教育》上；

2011年9月，寇忠泉指导蔡志翔老师参加成都市第六届音乐教师教学基本功比赛获一等奖；

2011年12月，学校被成都市体育局和成都市教育局授予"成都市体育传统项目学校"称号；

2011年12月，寇忠泉专著的《在音符中徜徉的美育》专著由光明日报出版社出版；

2011年，寇忠泉在国培计划中西部项目教师培训班开展主题为《音乐教育教学反思撰写》的专题讲座；

2011年，寇忠泉撰写的论文《在"玩"中体悟音乐之美》发表在《儿童音乐》第3期上；

2012年3月，寇忠泉专著的《在音符中徜徉的美育》荣获成都市人民政府奖成都市第十次哲学社会科学优秀成果三等奖；

2012年9月，寇忠泉荣获四川省教育厅第15次优秀教育科研成果一等奖；

2013年5月，寇忠泉撰写的论文《谈如何从整体出发设计与把握课堂教学的特色》发表在《中小学音乐教育》上；

2013年10月，寇忠泉参与编辑的《神奇的川剧》由人民音乐出版社出版；

2013年11月，寇忠泉荣获"四川省第九届中小学音乐课评比"优秀组织奖；

2014年5月，寇忠泉在四川音乐学院继续教育学院音乐教师培训班开展主题为《音乐课堂教学设计的策略》专题讲座；

2014年，寇忠泉荣获四川省特级教师荣誉称号。

四、2014年7月至今电子科大实验附小纯美教育的融合美育策略体系建构历程

（一）称号类

2014年7月至今，寇忠泉在电子科技大学实验中学附属小学任音乐教师、校长，2018年至2020年，寇忠泉被聘为四川省寇忠泉名师鼎兴工作室领衔人；

2015年4月，中国垒球协会授予我校"全国软式棒垒球实验学校"称号；

2015年，高新区合作街道办事处、工委授予学校"2015年度平安单位"称号；

2016年9月，张乐琼老师被高新区社会事业局评为"高新区优秀教师"；

2016年9月，胡燕老师被高新区社会事业局评为"高新区教坛新秀"；

2017年3月，谢谠升老师被高新区社会事业局评为"优秀德育工作者"；

2017年3月，王雪老师被高新区社会事业局评为"高新区优秀教师"；

2017年3月，袁春玲老师被高新区社会事业局评为"优秀教育工作者"；

2017年4月，郑环老师所带班级被高新区社会事业局评为"高新区先进班集体"；

2017年9月，郑环老师被成都市教育局评为"成都市优秀班主任"；

2018年4月13日，科大实验附小师生代表参加成都市2017年立德童谣征集传唱活动颁奖仪式，并被授予"市级童谣创作和传唱基地"称号；

2018年5月，成都市健美操协会授予学校"成都市健美操'推广先进单位'"称号；

2018年5月，甘学梅老师所带班级被高新区社会事业局评为"高新区先进班集体"；

2018年6月，王雪老师所带班级2015级（4）班被全国少工委办公室评为"全国动感中队"；

2018年9月，甘学梅老师被高新区社会事业局评为"高新区优秀班主任"；

2018年12月，学校荣获由中国教育电视协会组织的《童心之歌》MTV比

赛二等奖；

2018年12月，成都市教育局、成都市科学技术协会授予学校"成都市青少年科技活动基点学校"称号；

2019年8月，成都高新区美术家协会授予学校"成都高新区美术家协会理事单位"称号；

2019年9月，四川大学锦城学院授予学校"四川大学锦城学院艺术教育实践基地"称号；

2019年9月，陈绩艳老师被高新区社会事业局评为"高新区教坛新秀"；

2019年10月，甘学梅老师被高新区社会事业局评为"高新区优秀班主任"；

2019年10月，马静老师被高新区社会事业局评为"高新区优秀德育工作者"；

2019年10月，四川大学锦城学院授予学校"艺术教育实践基地"称号；

2019年10月，四川省音乐学院艺术教育系授予学校"中小学美育基地"称号；

2019年11月，学校被中国语文朗读大会四川组委会评选为优秀组织；

2019年12月，四川省青少年作家协会授予学校"小作家培养基地校"称号；

2020年1月，学校被四川春节联欢晚会组委会评选为优秀节目选送单位；

2020年4月29日，成都市教育局授予学校"成都市艺术特色学校"称号；

2020年5月，成都市教育科学研究院授予学校"成都市教育科研先进单位"荣誉称号；

2020年6月，唐谦、胡燕、何昶熠、马静、吴灵老师所带班级被高新区社会事业局评为"高新区先进班集体"；

2020年9月，郑环、寇红英和古德英被高新区社会事业局评为高新区第七届学科带头人；

2020年10月，四川省基础教育研究中心授予学校"协同创新实验基地校"称号；

2020年11月23日，寇忠泉校长被"四川省基础教育中心"聘为"四川省基础教育研究中心"美育研究所所长；

2020年11月，成都高新区教育文化与卫生健康局授予学校"科技创新教育十佳学校"荣誉称号；

2020年11月，全国德育协同创新中心授予学校"德育创新基地校"称号；

2020年12月，四川劳动教育研究中心授予学校"劳动教育协同创新示范基地"称号。

（二）讲座、专著、论文发表比赛类

2014年9月，寇忠泉参与编著的《情趣交响》由中国文联出版社出版；

2015年，寇忠泉合著的《歌声飞出大凉山》由四川文艺出版社出版；

2016年4月，寇忠泉撰写的论文《为纯美的童年而教育》发表在《教育科学论坛》上；

2016年10月，寇忠泉参与编著的《名优教师教学设计音乐课教案与评析》由人民音乐出版社出版；

2017年3月17日，寇忠泉校长受千课万人组委会邀请赴杭州参加交流活动，做专题讲座；

2017年7月，寇忠泉撰写的论文《追求情趣交响的教育教学境界——我的音乐教育美学观》发表在《时代教育》上；

2017年7月，寇忠泉撰写的论文《让孩子与美的课程相遇》发表在《未来教育家》上；

2017年8月，寇忠泉撰写的论文《基于美育儿童学堂的国家课程校本化实施》发表在《基础教育参考》上；

2017年9月，郑环撰写的论文《融美育特征于语文"儿童学堂"初探》荣获成都市2016—2017年度基础教育课程改革优秀论文评选三等奖；

2017年9月，张乐琼撰写的论文《糊涂是美，静待花开》荣获成都市2016—2017年度基础教育课程改革优秀论文评选三等奖；

2017年9月，彭雅玺撰写的论文《基于"美育儿童学堂"的小学英语歌谣式教学初探》荣获高新区教育发展改革与研究学术论文评选二等奖；

2017年，寇忠泉的专著《歌声飞出大凉山》荣获四川省第十七次社会科学优秀成果三等奖；

2018年2月，郑环撰写的论文《"用"儿童文学"教"——〈三只小猪的真实故事〉教学实录及点评》发表在《四川教育》总第624、626期上；

2018 年 3 月，彭雅玺撰写的论文《美育视野下儿童错误矫正探究》荣获成都市第十四届教育改革与研究论文三等奖；

2018 年 5 月，王雪撰写的论文《美在笔尖绽放》发表在《读与写》上；

2018 年 6 月，张乐琼撰写的论文《浅尝数学思辨之美》荣获高新区小学数论文评选二等奖；

2018 年 9 月，杨琳玲撰写的论文《家校美育共享课程新思考》荣获成都市论文评选三等奖；

2018 年 9 月，王雪撰写的论文《黑色里的风景——小学生不良情绪的转化实践研究》荣获成都市论文评选二等奖；

2018 年 11 月，杨琳玲撰写的论文《创新家校共育途径提升美育课程质量》发表在《中小学校长》上；

2019 年 1 月，胡功敏撰写的论文荣获 2018 年高新区美术学科论文（案例）评选一等奖；

2019 年 2 月，杨琳玲撰写的论文《以探索"数字黑洞"教学为例，体验探究过程提升思维品质》荣获成都市小学数学论文评选二等奖；

2019 年 2 月，张乐琼撰写的论文《以思辨促思考之深度》荣获成都市小学数学论文评选二等奖；

2019 年 8 月，甘学梅撰写的论文荣获成都市 2018 年中小学德育优秀论文评选二等奖；

2019 年 8 月，甘学梅撰写的论文荣获成都市 2019 年中小学心理健康论文评选二等奖；

2019 年 9 月，杨琳玲、陈绩艳撰写的论文《小学数学教学中审美体验实践研究》荣获成都市教改论文评选三等奖；

2019 年 9 月，杨琳玲撰写的论文《见微知著，浸润美育》荣获成都市教改论文三等奖；

2019 年 9 月，沈茜撰写的论文《澳大利亚新南威尔士州中小学创造力培养》发表在《中小学教育》上；

2019 年 10 月，寇忠泉在第二届中国音乐教育大会上做了题为《传承优秀传统文化之四川民歌微课工作坊》的专题讲座；

2019 年 11 月，寇忠泉在千课万人小学音乐研习峰会上做了题为《小学民歌教学策略》的专题讲座；

2020 年 2 月，蔡龙飞撰写的论文《小学生体育课堂行为习惯的研究》荣获高新区体育与健康论文评选一等奖；

2020 年 2 月，周静撰写的论文《成都市网球消费及其消费行为分析》荣获高新区体育与健康论文评选一等奖；

2020 年 5 月，寇忠泉受四川省教育科学研究院邀请，做了题为《中小学民歌教学"三感"统一论》的专题讲座；

2020 年 6 月，甘学梅撰写的论文《美育班本课程开发的实践思考》荣获《中小学教育》编辑部论文评选一等奖；

2020 年 9 月，何昶熠撰写的论文《创设生活情境，提高学生共情力——以〈为我们服务的人〉为例》发表在《教育界》上；

2020 年 9 月，沈茜撰写的论文《小学低段教材教学中基于英语学习活动观的情境链创设》发表在《小学教学设计（英语）》上；

2020 年 9 月，王雪撰写的论文《"美为引领五育并举"班级活动课程探究》发表在《读与写》上；

2020 年 11 月，寇忠泉合著的《纯美绽放》由九州出版社出版。

（三）比赛、活动类

2015 年 11 月 25 日，学校与四川新闻网合作，宣传发表本校新闻；

2016 年 3 月 3 日，高新区社事局官旭局长与叶处长来校检查指导工作，寇忠泉校长就学校办学特色做了汇报；

2016 年 4 月 29 日，高新区音乐评课在我校举行；

2016 年 5 月 16 日，达州市教育局领导及部分校长来我校交流考察；

2016 年 11 月 10 日，川渝儿童文学联盟启动仪式在我校举行，共 21 所省内外学校加入该联盟，同时引领着高新西区学校的"美育"发展；

2016 年 11 月，寇忠泉指导罗茹文老师荣获四川省赛课一等奖；

2016 年 12 月 1 日，课题《基于审美素养的校本课程建构与实践研究》，被批准为成都市教育教研课题；

2016 年 12 月，寇忠泉荣获成都市 2016—2017 "一师一优课，一课一名师"优质课例评选一等奖；

2017 年 2 月 20 日，学校邀请四川省成都市教育科学研究院语文教研员罗良建到学校做《漫谈儿童视野下文本有效解读》的专家讲座；

2017 年 9 月 19 日，科大实验附小美育社团开课，第一次尝试学生微信 APP 自主选课；

2017 年 9 月，寇忠泉指导罗茹文老师荣获四川省技能比赛一等奖；

2017 年 10 月 14 日，河南郑州教育学习考察团到我校学习交流；

2017 年 11 月 6 日，学校学生啦啦操队荣获成都市啦啦操比赛一等奖；

2017 年 11 月 9 日，罗竟慧兰老师参加四川省地方性音乐《川腔蜀韵》优质课现场展示活动，获得好评；

2017 年 11 月 21 日，高新区教研室督导专家高万群、张双群校长到学校指导数学组"美育儿童学堂"教研活动；

2017 年 11 月，寇忠泉荣获成都市教师网上课程资源建设视频案例评比一等奖；

2017 年 12 月 6 日，学校举办让美育走向丰富、开放、适合、国际化再迈新步伐——丹麦音乐课堂，走进科大实验附小活动；

2018 年 1 月，学校荣获高新区学校育人目标与德育课程建设一等奖；

2018 年 3 月 5 日，"寻美忆年味，追梦再出发"科大实验附小 2017—2018 学年第二学期开学典礼举行；

2018 年 4 月 26 日，郑州市航空港区八千中心校教师团队来到科大实验附小参观考察交流；

2018 年 5 月 24 日，学校承办四川省儿童文学联盟校"儿童教育名家走进科大实验附小"教学与学术交流研讨会；

2018 年 5 月，学校荣获高新区校园足球比赛学区杯亚军；

2018 年 5 月，学校学生啦啦操队荣获成都市啦啦操比赛一等奖；

2018 年 9 月 2 日，学校召开"承巴蜀文明，迎万象更新"主题班会；

2018 年，秋季新生入学开学典礼，展示了学校学生美育成果；

2018 年 10 月 11 日，为纪念中国少年先锋队建队 69 周年，科大实验附小开展了大队组重组更新、一年级新生第一批入队等"星星火炬，照亮红领巾"主题队日活动；

2018 年 10 月 29 日，科大实验附小迎来眉山市中小学的音乐骨干教师到校观摩学习；

2018 年 11 月 2 日，科大实验附小召开"童心灿烂"四季美育文化节——"传奥运精神，展多国风情"田径运动会暨趣味游戏会；

2019 年 4 月 12 日，美术教育与美育——德育中心组及区美术教研员莅临我校视导工作；

2019 年 4 月 18 日，学校乒乓球队荣获高新区中小学生乒乓球比赛一项冠军、一项季军；

2019 年 4 月 26 日，"送教道孚、共享共进——成都高新区杨琳玲小学数学工作室"送教下乡甘孜道孚县；

2019 年 7 月 26 日，全校语文教师参加第三届巴蜀儿童文学联盟骨干教师高端研习活动；

2019 年 10 月 21 日，学校啦啦操队荣获成都市啦啦操总决赛一等奖；

2019 年 12 月 15 日，学校风帆管乐团到成都市特仑苏音乐厅参加"第六届敦善杯展演"活动；

2020 年 1 月 2 日，学校"知更鸟"合唱团受电子科大邀请参加"春暖花开"跨年晚会；

2020 年 1 月 6 日，学校顺利举办"不负韶华，争做纯美少年"评比活动；

2020 年 1 月 7 日，学校采薇舞蹈团受邀赴金沙剧场参加"四川春节联欢会节目录制"；

2020 年 4 月 2 日，学校学生在第五届"四川省中小学征文活动中"取得佳绩，其中二等奖 5 名，三等奖 14 名；

2020 年 4 月 17 日，四年级语文组"童心抗疫，劳动最美"案例荣获区级一等奖；

2020 年 5 月 14 日，寇忠泉校长领衔的市级立项课题《基于民族文化传承的四川民歌教学研究》参加成都高新区 2020 年度教育科研课题阶段评审暨集中指导答辩活动；

2020 年 5 月 23 日，学校开展"学科美育推进会——美、感、育的统一"活动，推动学科美育研究，全面提升课堂教学质量；

2020 年 6 月 18 日，学校顺利召开 2020 年度科研课题推进及培育工作会；

2020 年 9 月 7 日，《基于审美素养的学校课程建构与实践》课题成果提炼指导会顺利召开，四川省教育科学研究院科研管理所所长王真东作为指导专家出席了会议；

2020年9月12日，成都市美术教研员辜敏到我校，对我校美术教师的科研能力及美术特色工作进行了指导；

2020年9月20日，学校顺利召开"课程聚力纯美育人"学校学科课程建设推进会；

2020年9月20日，学校学生参加2020年成都市第七届"爱成都　迎大运"全民健身运动会，获高新区第二名；

2020年10月14日，学校顺利开展"你好，建队节"科大实验附小献礼第71个建队日活动；

2020年10月31日，在四川省第十五届影视教育成果展示交流活动中获一等奖；

2020年10月31日，《基于儿童发展的小学纯美课程建构与实践》成果提炼会，全国知名美育研究专家与活动家、中国人生美育研究会副主任委员、中国音乐学员国家美育研究与发展中心秘书长丁旭东博士作为指导专家出席会议，并进行了深入指导；

2020年11月3—5日，万源市魏家中心小学到校考察交流学习；

2020年11月13日，科大实验附小第一次少先队代表大会正式召开；

2020年11月26日，学校荣获2020年成都市创客教育校本课程二等奖；

2020年11月28日，科大实验附小第一届童心小舞台活动顺利开展；

2020年12月3日，雷静老师带队的两支学生队伍在"2020年世界机器人大赛总决赛暨国际智能机器人博览会"分别获得第六名和第十名的好成绩，学校荣获全国一等奖和最佳风采奖；

2020年12月16日，全校召开2020年度第二轮学科课程建设推进会；

2020年12月24日，全校开展"牢记初心向美而行"——纯美课堂"教师三态暨12.9诵读大赛"；

2020年12月，学校荣获第十六届成都市青少年机器人竞赛一等奖；

2020年12月—2021年1月，全校有序推进"纯美少年""纯美家长"线上评选活动。

便觉眼前生意满

（代后记）

律回岁晚冰霜少，春到人间草木知。

便觉眼前生意满，东风吹水绿参差。

　　循声从案头抬起头来，孙女正在吟诵这首宋代诗人张栻的诗。我视物有些蒙眬不清的眼睛看向户外，春光正好，小花园里，的确给人"便觉眼前生意满"的真切。

　　为这春光，为这生机，我停止了敲打键盘。

　　然而，心里却老惦记着还在写作的内容。

　　因为，我所写的文字里，也是春光，也是生机。

　　那是教育的春光，那是学校的生机。

　　由于与电子科大实验附小校长寇忠泉熟知多年，我对其独特的教育实践和在电子科大实验附小进行的办学作为一直很关注。寇忠泉是一名音乐学科教育专家，更是一个美育实践者，我则一直信奉并践行着诗教。我知道，我们的教育理想的交汇点在"美育"。

　　因此，从某种角度讲，我和寇忠泉校长有着天然的志趣相投。

　　因了这份志趣相投，我一直关注着他的美育实践，对他在电子科大实验附小取得的办学成效相当推崇。这，当然是出于职业敏感。

　　作为一名希望通过典型学校办学案例的采写，为读者提供办学经验的教育专业媒体记者，我认定，寇忠泉20年来的美育实践成果和在电子科大实验附小进行的美育实践探索，实在是上好的采写对象。

因此，无论是我因公到他学校进行采访，还是私下里朋友之间小聚，我们都会共同讨论学校美育实践的相关话题，而大多数时间则是寇忠泉说，我听——记者的职业习惯，总是在挑出问题之后，安静倾听、仔细辨识。

更多的时候，我会询问他的下属，而内容多半还是涉及学校的美育实践历程与成效。由此，他的下属中，何小波、杨琳玲、袁春玲、黄明霞、郑环、齐秦……很多都是我要好的朋友。

美育，触动了我对电子科大实验附小办学历程与成效基于个人立场的写作愿望——因为它也承载着我的教育理想。

终于，在电子科大实验附小成功地实现第一轮六年办学历程之后，为配合学校整体总结办学成果，凝练学校建设高质量美育体系，我以自己对寇忠泉美育实践和学校办学历程以及成效的熟知，获得了对其实践历程进行梳理的写作机会。

2021年春节前后，我潜心沉浸在电子科大实验附小的美育实践历程中，不时被学校办学思想的深邃和哲理之美再度感动，不时被教师们充满激情的文字之美再次感动，不时被孩子们向美生长历程的故事讲述深深感动……

多年来，每当我走进电子科大实验附小，耳边就会萦绕一首十分熟悉的歌曲：

请把我的歌带回你的家
请把你的微笑留下
请把我的歌带回你的家
请把你的微笑留下
明天、明天这歌声飞遍海角天涯
飞遍海角天涯
明天、明天这微笑将是遍野春花
将是遍野春花

我一直以为，这么多年来，我的这种感觉是自己的情绪或直觉使然。因为，每每来到这里，老师们总会陪着我在操场、在走廊、在文化景点参观，看到被他们称之为"科科娃"的电子科大实验附小的孩子们生命自然舒张、快乐溢于言表、微笑伴随童音……这些场景，常常感染着我，"童花"灿烂，不是春天，也胜似春天。如果到放学时分，寇忠泉校长总会陪着我到校园四处转转、在校门口送别孩子，而此时，在广播歌曲旋律的渲染下，电子科大实验附小的老师们送别孩子，和孩子们挥手、微笑告别，实在给人"请把我的歌带回你的家"和"请把你的微笑留下"的感受。

如此简单，却如此生动和真实的场景！

这，也许在许多学校都能看到，但在电子科大实验附小，却有着特别的真切和生动！

当我真正以写作的状态对应"美育"，并重新回到这种场景，我油然感慨：美育是深刻的，因为她有"诗意栖居"般的高雅与贵气；美育又是简单的，因为她如"歌声""微笑"般自然与率真……

写这本书，我是希望通过以人带事的方法，实现对典型案例的真实讲述，为校长们提供特色化办学的实践经验，为学校教师提供融入学校文化推动个体专业发展的视野。

就像没有一本书能够全面复制社会生活的每一个细节一样，这本书不能录像般地把电子科大实验附小的美育故事全景摄录，尤其像袁春玲、寇红英、刘晓军、郑环、王雪、罗竟慧兰、齐秦等学校领导和老师的美育故事——当我读到他们的相关文本时，已然十分感动，但篇幅所限，不能一一录入……我知道，挂一漏万，始终都是写作者最大的遗憾。

在我为本书敲定最后一个字的时候，已是"遍野春花"的三月，面对春光十里，我在享受码出这10万字的成就感的同时，借春光心生感激。

我想特别感谢当代美育大家曾繁仁先生，他的美育著作《美育十讲》《审美教育新论》是我精读多遍的经典之书。本书能够得到他亲自作序，实在是一份特别的荣耀。

同时，我也特别感谢寇忠泉校长和他的团队，没有他们努力建设高质量学校教育美育体系的持之以恒的壮举，就没有本书的编写。

感谢为本书付出辛劳的出版社编辑，感谢关心本书的所有人，感谢读者诸君！

此时，我想说——

人生感激无尽处，更觉眼前生意满！

余小刚

2021 年 3 月 16 日